Perseverancia y fortaleza

Historia de un soñador

Salomón Poveda Llerena

EDIQUID

PERSEVERANCIA Y FORTALEZA
Historia de un soñador

Editado por: Corporación Ígneo, S.A.C.
para su sello editorial Ediquid
José Olaya 169, Ofic. 504, Miraflores. Lima, Perú
Primera edición, junio, 2026

ISBN: 978-956-424-125-8

Se terminó de imprimir en junio de 2026 en:
ENOTRIA S.A.
Av. Nicolás Ayllón 2890. Ate, Lima – Perú

www.grupoigneo.com
Correo electrónico: contacto@grupoigneo.com | Teléfono: +51 955 071 270
Facebook: Grupo Ígneo | X: @editorialigneo | Instagram: @grupoigneo

Colección: Nuevas Voces

Contenido

Piensa que naces dotado de una luz llamada inteligencia; con ella superas las distancias, disfrutas de la magia de tu pensamiento. Ese don inmanente al ser humano te ayuda a discernir sobre el bien y el mal. Tu mente no se agota con el conocimiento; aquel te impulsa a superar temores y te guía hacia la razón, sabiendo que vienes de la misma forma que todos los seres humanos, sin distinción de razas ni de credos. Sin embargo, tu esfuerzo no consiste únicamente en el emprendimiento; debes recurrir a las ciencias, a la historia relacionada con el desarrollo evolutivo de la humanidad, en sus múltiples facetas, materiales e inmateriales. Debes concentrar tu empeño en encontrar las razones por las que tenemos varias tendencias orientadas puramente al control del poder político y económico; a este sistema lo han denominado «liberal». En este se materializan los peores retrasos de la raza humana. Los mentalizadores de este sistema son los beneficiarios de la riqueza acumulada a base de la apropiación de la fuerza laboral y de los recursos naturales de forma irracional e ilimitada, al punto de poner en peligro la existencia de la vida en el planeta. No tienen reparos al momento de defender su «doctrina». Por lo tanto, recuerda que existen engañosos motivos que te indican equivocadas sendas. No hay camino, ni tan cercano ni tan llano; para superarlo necesitas dos herramientas: «perseverancia y fortaleza». Piensa que tu meta estará cumplida si te conviertes en ejemplo para otro soñador».

PERSEVERANCIA Y FORTALEZA, LA LUZ DE LA CIVILIZACIÓN DR. OSCAR SALOMÓN POVEDA LLERENA MEMORIAS

«Érase una vez», un niño nacido en la *Simiátug,*[1] que es como dos manos que se unen para formar un cuenco singular, para acoger a los huayrapamushcas.[2]

Al norte, la Cordillera Andina Central; al sur, el cerro Allago, un cuasi volcán cuyos bramidos producían intensas vibraciones y movimientos telúricos que provocaban el desmembramiento de enormes rocas que, de no ser por una planicie ubicada justo al pie del coloso, podrían imposibilitar la vida en el pueblo; al este, Laygua y Chiquisungo, dos enormes montañas cercanas a la Cordillera Central; y, por el oeste, la Loma de los Tibianos, un asentamiento de indígenas ancestrales, con ejemplares e históricos actos de resistencia, a la Conquista, como los únicos que no fueron desplazados de sus tierras originarias, como había ocurrido con los demás pueblos que habían habitado el centro de Simiátug, donde se fundó el pueblo de los «blancos», sin dejar ni cenizas de las «chozas» ancestrales hechas de paja y bareque. Detrás de los Tibianos ya se extienden grandes planicies y luego el descenso hacia el subtrópico, que da con las provincias de Los Ríos y Guayas, y luego, ¡el mar Pacífico!

---

1 «Boca de Lobo»: *Shymi* = boca, *atug* = lobo.

2 «Traídos por el viento»: *Huayra* = viento, *apamushca* = traer.

Niño descendiente de migrantes posconquista española de finales del siglo XIX e inicios del XX, heredero de múltiples virus letales europeos como la gripe, viruela, sarampión y otros males por los que hubo de pasar uno a uno, a pesar de su escasa resistencia y capacidad de adaptación. En su entorno conoció personas muy arropadas con pesados ponchos y chalinas de lana de oveja, aquejadas de un frío atroz que aturdía los sentidos, debido a la altitud que superaba los 2800 m. No conoció más que herramientas de labranza como azadones, picos, palas, barras y aquellos aparatos para el arado. Todo estuvo relacionado con la agricultura, a excepción de la cocina, que era el lugar más acogedor del hogar, abrigado y bien dotado de alimentos variados y un fogón de leña que hacía la diferencia con la rudeza exterior. Tenía un área de unos $60m^2$ con fogón incluido y, sobre aquel, unos cuantos cordeles con carne ahumada o cecina, con chorizos y, en temporadas, también se guardaban humitas *choclotandas*.[3]

Casi seis años de su infancia transcurrieron en absoluta monotonía, sin relacionarse con otros niños, y su actividad se reducía al acompañamiento en las labores de su abuela paterna, «mamá Lola», de quien recibió un amor incomparable y cuidados extremos.

Toda su experiencia y desarrollo personal y social se iniciaron con su edad escolar, ya en el hogar de sus padres, como queda dicho en líneas anteriores. A partir de esa etapa empezó su obsesiva inclinación por la música, que lo llevó a realizar actos impensados para vincularse a ella como elemento fundamental de toda su existencia; he aquí su historia...

3 Panes de choclo o maíz tierno.

INTRODUCCIÓN

Una gran explosión eruptiva del volcán Tungurahua obligó a los habitantes de varias parroquias del cantón Ambato a trasladar a sus familias a lugares seguros, y fue así como las familias de los abuelos Poveda Ortiz y Llerena Ortiz, entre muchas otras, echaron raíces en la parroquia de Simiátug, perteneciente al cantón Guaranda, provincia de Bolívar, a finales del Siglo XIX.

La razón de esa migración masiva se relaciona con la forma de subsistencia de los habitantes de los sectores aledaños al volcán Tungurahua, que se basaba en la agricultura y ganadería, esta última en proporciones limitadas, casi domésticas, con una o dos vacas lecheras por familia. Dicha actividad había sido anulada por la ceniza volcánica, que alcanzaba los cuarenta centímetros sobre la superficie de la tierra.

Una vez establecidos en el pueblo, se inicia la formación de las nuevas familias; debo aclarar que mi padre llegó en compañía de su madre, doña Dolores Ortiz, allá para inicios del siglo XX.

En 1917 nace mi padre don Santos Poveda Ortiz, hijo de doña Dolores Ortiz y don Antonio Poveda, en la parroquia Pilahuín, cantón Ambato, provincia de Tungurahua; y, en 1921, mi madre, doña María Elevación Llerena Ortiz, hija de doña Alegría Ortiz Silva y don Aurelio Llerena García, en la parroquia de Simiátug, cantón Guaranda, provincia de Bolívar. En el centro poblado no habitaban más de cincuenta familias, llamadas «blancos», fundadores del pueblo; más en el entorno habitaban las comunidades indígenas, que eran mayoría, aunque se resistían a los censos organizados por el Estado. Se suponía que eran unos treinta mil los que habitaban en dicho entorno, dígase: Playapamba, Ingaloma, Chiquizongo, Laygua, El Tablón, Tacarpo, Yanaurco, Playas de Oro, Mindina, Padrihuasi, Ingapirca, Mushugllacta, Salaleo, Papaloma, Guanguliquín, entre otros muchos llamados «anejos», asentamientos humanos formando pequeñas comunidades con cierta autonomía e independencia. Todos sobrevivían con autosostenimiento, basado en la agricultura, la domesticación de aves de corral y, en pequeñas proporciones, los lanares, caballares y porcinos. Sus vestimentas provenían de las fibras lanares; ya conocían el hilado y tejido de ponchos, chalinas, anacos o faldas, cobijas, hechas en pequeños telares, shigras y otros objetos para las féminas. Elaboraban prendas llamadas zamarros con pieles de «borregos» (lanares), usados para cabalgaduras. Su forma de vida comunitaria se basaba en la equidad, cualidad expresada, por ejemplo, en grandes «mingas» comunitarias realizadas para construir caminos, casas y canales de riego, utilizando materiales ancestrales como la piedra, la arena, cal y arcilla. Organizaban formas de distribución del agua de tal forma que todos tuvieran acceso en turnos y horarios preestablecidos. Las festividades más importantes se centraban en los solsticios de verano e invierno, que coincidían con los cambios de estación, en los cuales se celebraban las cosechas y la preparación de las tierras para cultivos de diferentes productos, como patatas o papas, cebada, trigo, maíz, mellocos, ocas, mashuas, quinua y habas. Se debe destacar la nula presencia del Estado.

Ya llegado el siglo XX, conocieron la lenteja, producto muy cotizado en los mercados extranjeros como Colombia y Perú; a este último país se exportaba cebolla colorada en grandes cantidades; paradójicamente, a esta variedad de cebolla se la llama «paiteña». En las relaciones sociales era habitual el *capishca*, que consistía en una especie de ritual en el cual se cumplían ciertos protocolos, como la preparación de alimentos especiales basados en papas cocidas, cuyes asados al carbón acompañados de una crema denomina «zarsa», elaborada con cebolla blanca, huevos, harina de maíz y otros condimentos, como pequeñas cantidades de ají, que se preparaban para brindar a las personas a quienes se solicitaba que se convirtieran en «padrinos» de matrimonio y de bautizo, cuando ya iban asimilando la religión católica. Los eventos importantes se realizaban a través de comunicaciones en «cadena», es decir, de entre comunidades, utilizando bombos, *churos*[4] y bocinas, elaboradas con tubos de maderas de una especie tubular denominada *guarumo*, con boquillas de carrizo, que producían sonidos de alta intensidad y, con códigos, indicaban la importancia y razón de las convocatorias, ya para realizar mingas o para actos de resistencia. Una actividad colectiva muy particular era el *ullari*, una minga muy temprana, entre las cinco y seis de la mañana dirigida a labores de labranza en proporciones más pequeñas que una minga propiamente dicha.

Los primeros habitantes del centro poblado habían alcanzado un importante nivel de desarrollo, tanto en lo social como en infraestructura. Contaba con agua potable y con instituciones como Comisaría, misma que en ese tiempo gozaba de jurisdicción y competencia. En materia civil ejercía actos notariales o fedatarios; contaba con jefe político, Registro Civil. En materia penal se encargaba de realizar actos de investigación de actos punibles; realizaba trámites de juicios sumarios en delitos menores como hurtos, robos y agresiones físicas; y, para delitos como violaciones, asesinatos y otros de suma gravedad, tenía potestad para iniciar los llamados «Autos Cabeza de Procesos», con prisión preventiva incluido, para conocimiento y resolución de los jueces cantonales y provinciales.

---

4 Caracoles marinos.

Contaba con una escuela pluridocente, aunque precaria, por cuanto debía unir en algunos casos como grados quinto y sexto en la misma aula y con un solo maestro. Contaba con una institución religiosa con párroco permanente. Esto para 1965, año en que dejé mi lugar natal.

La falta de fuentes de trabajo y oportunidades para la formación profesional, debido a la inexistencia de colegios y, mucho menos, universidad, trajo como consecuencia que los padres de familia buscaran capacitación académica para la profesionalización de sus hijos, en ciudades desarrolladas, principalmente las de Quito, Guayaquil, Cuenca, Ambato, Guaranda, Chimborazo y otras. Los jóvenes también tomaron decisiones personales, como en mi caso, y migraron hacia lugares diferentes, incluidos los Estados Unidos de Norteamérica, Colombia o Caracas, en sus tiempos de apogeo. La situación fue tan radical que, para la década de los años noventa, el pueblo ya estuvo habitado por indígenas, en su totalidad. De esa manera, se retrovertía aquella migración forzosa de finales del siglo XIX.

I
SEIS AÑOS DE UNA INFANCIA FELIZ PERO MUY SINGULAR 1945-1951

Inicio existencial, 1945-08-07, parroquia Simiátug, cantón Guaranda, provincia de Bolívar; inscrito con los nombres de: Oscar Salomón, apellidos: Poveda Llerena; hijo de don Santos Poveda Ortiz y doña María Elevación Llerena Ortiz.

El grupo familiar que conocí se formaba de seis personas, en el que me incluyo: mi madre, doña Dolores Ortiz, bajo cuya protección y cuidados viví cerca de seis años, y que, en realidad, fue mi abuela paterna; papá Santos Poveda Ortiz; dos personas jóvenes, la tía Clara, Elevación, y el tío Julio Villegas. Debo destacar que la mamá Lola y el tío Julio habían llegado al pueblo bajo la tutela de los «tíos ricos»: Vidal y Luciano Ortiz, quienes, pasado el tiempo, les habían prodigado viviendas, tierras para cultivos y una forma de vida bastante confortable; seguro que en sus años juveniles formaban la servidumbre de dichos tíos.

Cuando los acontecimientos se aclaraban con el pasar del tiempo, fue evidente que mi tía Clara era hija procreada de la pareja formada por mi madre Dolores y el tío Julio, aún que nunca llevó el apellido de Villegas, y otro detalle suigéneris, es que dicha pareja ya no era tal, porque tenían casas de vivienda separadas cada uno, menos para organizar su convivencia en el trabajo y, en particular, para compartir los alimentos, hasta el fin de sus días. Dicho grupo se reunía tres veces al día: para el desayuno, a las 5:30 h; almuerzo 12:30 h; y merienda, entre 17 y 18 h. En las noches pernoctábamos con la mamá Lola y la tía Clara; los demás tenían sus propios hogares. Esa rutina se repitió durante toda mi permanencia en dicho hogar, desde mi uso de razón, hasta que se aproximó mi edad escolar, que debía iniciar a los seis años.

Durante aquel lapso fui un niño mimado al extremo; no conocí a otros niños ni tenía actividades lúdicas en absoluto, al punto que tenía una persona para llevarme en su espalda a los paseos de campo en verano, y se llamaba Antonio. Recuerdo que era pequeño de estatura y mis pies casi llegaban al piso, y no tenía las habilidades de otros niños de mi edad; pero sí me gustaba subirme en una pared de adobe de unos tres metros de alto para jugar al caballo brioso. En uno de esos ejercicios aconteció el tremendo terremoto de Pelileo que sacudió a mi pueblo y cuyo año no puedo precisar; pero tampoco puedo olvidar el susto que me dura toda la vida, por el modo violento con que se movía la pared de adobe, inclinándose de un lado para el otro, por un lapso que parecía eterno.

II
EL CAMBIO DE HOGAR PARA INICIAR UNA VIDA DESCONOCIDA 1951-1963

Esta nueva etapa de mi vida fue literalmente traumática, pues debía incurrir en tareas tan duras como desconocidas, como aprender a montar a caballo. Para colmo, los caballos de mi padre tenían contexturas descomunales; en ellos no duraba ni tres minutos al trote, que ya terminaba en el piso. Pero el cuento no termina ahí: había que levantarse, sacudirse el polvo, fregarse las magulladuras y buscar un sitio alto y volver al lomo del caballo, sin silla y sin alfombra; este estilo se denominaba «a pelo».

En este capítulo fue mi maestro mi hermano mayor, llamado Gualberto, con quien no tuve ninguna relación anterior, quien me supera con cinco años de edad; pero desde el inicio de nuestro vínculo fraternal dividía las tareas en partes iguales. Sin embargo, la parte más dura fue mi adaptación al nuevo hogar, separado de mi madre Dolores. No entendía esa razón, mas no era normal que se les explique las razones a los niños, y en las noches pasaba horas de tras de la puerta llorando hasta que me vencía el sueño. Ese hecho me costó una grave lesión bronquial que duró varios años y me convirtió en un niño muy débil que pasó por todas las enfermedades conocidas en esos tiempos, como sarampión, viruela, erisipela, etc.

Desde entonces sabía que esa vida debía cambiar, porque no podía resistir la dureza del trabajo y, principalmente, la inclemencia del clima, a dos mil ochocientos metros sobre el nivel del mar; y algunas labores, como cosecha de papas, se realizaban a una altura de tres mil metros de altura. Al respecto, pasé malos ratos, porque no podía colaborar como se debía, por falta de destreza y por el clima que jugaba en mi contra.

Una vez llegado el momento del ingreso a la escuela, debía asumir otras tareas previas, como la ubicación de los rebaños en los pastos, supervisar los caballares, cambiar el regadío de las acequias en los potreros, realizar el aseo personal, desayunar y luego partir a la escuela.

Durante todo el período escolar se repetía la rutina señalada, pero terminado el mismo debía hacerme cargo del pastoreo del rebaño lanar, unas 30 ovejas aproximadamente, por el lapso de ocho horas diarias que se iniciaba a las 7:30 h. Con esta tarea tuve serios inconvenientes debido a mis nuevas aficiones. Incursioné en la «construcción» de casas de madera, otras de ladrillo elaborados con cajas de fósforos; también aprendí a construir molinos de agua, aprovechando una pequeña vertiente existente en uno de los potreros (Quila huco). Esta actividad fue la aplicación de los conocimientos adquiridos en los molinos construidos en la parte baja del pueblo: eran dos grandes ruedas de piedra, la una fija, ubicaba en la parte inferior, y la superior giraba mediante un eje vertical instalado entre la piedra superior y una rueda de madera que giraba con la fuerza del agua que caía desde un canal construido especialmente para ese fin.

Mientras realizaba estos juegos con total concentración, el rebaño ya estaba fuera del potrero de propiedad de mi padre, en lugares donde encontraba mejores pastos, casi siempre de cultivos de cebada o papas. En varias ocasiones mi padre me encontraba en mis «labores», luego de liberar el rebaño que había sido llevado a la comisaría por los dueños de los sembríos afectados.

Mi padre me regañaba, pero también se daba cuenta que no tuve una infancia propiamente dicha, y de esa manera se explicaba mi concentración en los juegos, que fueron nulos en mi primera infancia. Mi padre enmendó la situación contratando a la joven Luisa para las tareas del pastoreo en mención.

En esa etapa conocí que mi tía Clara era la única hermana de mi padre. Mi abuelo Antonio Poveda nunca llegó al pueblo. Ya en mi adolescencia tuvimos noticias de que viajó a Guayaquil, seguramente sabía del peligro que representaba el unirse a las luchas populares en contra de la dictadura imperante en esos tiempos (1922 en adelante), y por esa causa había otorgado poder especial a su hermano Tiburcio para que le entregue sus tierras a mi padre, hecho que nunca ocurrió; más pudo la codicia. Al respecto, mi padre no realizó ningún acto judicial, pero sí un reproche que debe haberle durado toda su existencia al tío Tiburcio Poveda.

Por la línea materna, en cambio, conocí a una familia bastante numerosa, empezando por mis abuelos, don Aurelio Llerena García y doña Alegría Ortiz Silva; mis tías: Carmen de Martínez, Rosita, soltera; Guillermina de Paredes; Evita de Pazmiño, María Elevación de Poveda y Guadalupe; mis tíos: Jorge y señora Marieta Freire, Luis y Maruja Salazar y Aurelio. Disculpas por no recordar a toda su descendencia, pero sí tengo buenos recuerdos de los más cercanos, unos más cariñosos que otros. Mis primos Martínez Llerena, la más recordada es Laurita; mi tía Rosita tuvo cinco hijos, Elvira, Edgar, Esther Teresita y Carmita, con quienes compartimos momentos muy felices; con mis primos Paredes Llerena tuvimos lasos de confraternidad y respeto, siendo los más cercanos, Flavio, Lautaro, Beatriz, Edgar, Estuardo y Luis; con mis primos Pazmiño Llerena: Mélida, Roberto, Mariana, Laurita, Galo, Osvaldo y Normita, tuvimos una relación muy cercana y de mucha confraternidad; los más cercanos de mis primos Llerena Freire fueron Siria y Galo; al hogar de mis primas Llerena Salazar, Magda, Lida, Normita, Lorena, Marisol y Paco, llegaba como a mi propia casa: tuvimos una hermandad inolvidable. Los hijos de mi prima Elvirita; Mauro, Pepita; Carlitos Fabián, Lilianita y Nancy, han sido tan cariñosos y afables que parecían nuestros propios hijos. A todos aquellos les guardo un gran afecto y agradezco por todo el cariño compartido.

Ya era tiempo de concurrir al segundo grado de la escuela, con las tareas indicadas en líneas anteriores, y con eso nuevas experiencias y contradicciones con el maestro, quien, dicha sea la verdad, no pasó por una escuela de formación de maestros, es decir, un normal. Era un bachiller que improvisaba la docencia; cometía actos degradantes, como golpear las palmas de las manos de los alumnos incumplidos o perezosos hasta hacerlas sangrar, utilizando una pesada regla con filo de metal. Entonces comprendí que era prohibido pedir explicaciones al «maestro» y peor expresar reproches, porque fui amonestado y mi padre tuvo que comparecer a la escuela, varias veces por causa del niño «malcriado».

Al respecto, cito algunos eventos que causaron furia e irritación al maestro:

1. Le pregunté por qué le golpeaba a mi compañero de banca llamado Pablo, y su respuesta fue: «Porque es tonto». Ante lo cual se me ocurrió una reflexión espontánea pero razonable: ¿cómo le puede golpear si sabe que es «tonto»?

2. Otra amonestación de mi padre, en presencia de todo el grado, ocurrió cuando el maestro trataba de enseñarnos a identificar las horas y los minutos en el reloj de cartón. Nos decía, mostrando un gráfico en el cual la aguja de la hora estuvo señalando las doce en meridiano y el minutero señalaba quince minutos antes de

las doce, indicándonos el gráfico: «Si ven este gráfico, dice doce menos quince». Luego cambió de posición al minutero, en el cual constaban las doce y quince minutos, y nos dijo que este gráfico indicaba «doce más quince». Ante lo cual, según mi razonamiento, el primer gráfico significaba más, porque teníamos quince minutos a favor; y, el segundo gráfico significaba doce menos quince minutos, porque ya no contábamos con esos quince minutos, pues ya se agotó el tiempo.

No recuerdo en qué grado escolar ocurrió otro incidente desagradable relacionado con el aprendizaje de las tablas de multiplicar. Al respecto, sentía una repulsión intensa contra el «método» del aprendizaje cantando: 2 x 2, 4; 3 x 2, 6; 4 x 2, 8, etc. Me incomodaba profundamente y nunca me integré al coro. En contra del criterio del profesor, expuse la solución de la siguiente forma:

2 x 2 = 4; 2 x 3 = 6; 2 x 4 = 8... hasta el fin; pero para la tabla del 3 en adelante ya no es necesario volver al 2 x 2, sino continuar con el número siguiente, es decir: 3 x 3= 9; 3 x 4 = 12; 3 x 5 =15... hasta el fin; luego: 4 x 4=16; 4 x 5 = 20; 4 x 6 = 24... hasta el fin; y así sucesivamente.

5 x 5 = 25; 5 x6 = 30; 5 x 7 = 35... hasta el fin.
6 x 6 = 36; 6 x 7 = 42; 6 x 8 = 48... hasta el fin.
7 x 7 = 49; 7 x 8 = 56; 7 x 9 = 63... hasta el fin.
8 x 8 = 64; 8 x 9 = 72; 8 x 10 = 80... hasta el fin.
9 x 9 = 81; 9 x 10=90; 9 x 11= 99... hasta el fin.
10 x 10 = 100; 10 x 11 = 110... hasta el fin.

Sin embargo, sé que hasta estos tiempos no se modifica dicho método inapropiado.

Mi educación inicial fue realmente una diversión, excepción hecha, del segundo grado. No tuve dificultad alguna para asimilar las enseñanzas de mis maestros, quienes me toleraban mis travesuras, como las de hacer volar mi pizarra de cartón, en cuyo acto se borraban las tareas. Reconozco que eché a perder varias pizarras de piedra que se usaban en ese tiempo. Seguramente mi padre comparaba esa mi actitud con la mística y pulcritud de mi hermano Gualberto, quien sí contaba con las comodidades suficientes, con baúl incluido, especialmente para sus textos y otros útiles escolares. La diferencia radicaba en lo relatado y en la humilde bolsa de tela que colgaba en mi hombro con los útiles escolares. Supongo que fue eso por lo que nunca me mentó que tenía a mí favor un proyecto profesional. Esa actitud tampoco me afectó en lo mínimo; no me di cuenta del hecho sino pasados muchos años, cuando la soledad en Quito golpeaba mi espíritu y el retraso en mi educación, que se prolongó por el lapso aproximado de seis largos años, resultaba una carga harto vergonzosa, porque tuve que compartir asiento con chicos y chicas muy jóvenes. Sin embargo, mi condición de artista músico, que inclusive había representado al país con honores, me hizo acreedor al respeto y admiración de mis compañeros, tanto en la secundaria como en la universidad, en las cuales terminé como líder estudiantil.

Los recuerdos positivos de mi educación primaria son motivo de mucha emoción. Un hecho que no se repitió en mi vida fue el fervor cívico de los maestros y maestras: todos los lunes empezábamos entonando el Himno Nacional:

«Salve, ¡oh! Patria, mil veces gloria a ti
Ya tu pecho reboza gozo y paz,
Y tu frente radiosa, más que el sol,
Contemplamos lucir».

Luego se cantaba un bello himno de autor anónimo, que seguramente se denomina. «Jamás sin patria»:

«Heroica juventud noble y patriota,
Legión que simboliza la esperanza,
Somos la fusta que al tirano azota,
Altivo cóndor que a la cumbre avanza.
Jamás sin patria, con gran civismo,
Y en la plebe (pueblo) resurge el patriotismo,
Como el lírico alarde en una fiesta,
Y al gritar ¡Viva el pueblo ecuatoriano!, ¡Viva!,
Aliente en nuestros labios la protesta
Y en el pecho el valor del espartano.
Jamás sin patria... hasta el fin».

En aquellos años de mi adolescencia y juventud ocurrieron eventos muy intensos y de singular importancia: Antes de iniciar mi próximo capitulo quiero referirme a los lugares frecuentados casi por todos los chicos y chicas, en algún momento de sus vidas juveniles, como Paila cocha, que se ubica en la parte baja del pueblo al noreste. Es una especie de represa natural, llamada comúnmente «posa», con un ambiente natural paradisíaco, rodeado por los jardines frondosos de doña Esther Poveda, mi pariente (prima de mi padre). Ese era el lugar favorito de los jóvenes para practicar la natación y pasar largas horas de ocio, generalmente los domingos por la tarde en tiempos de verano.

Otro lugar de mis recuerdos es el río La Trasquila, (palabra que se refiere a la fibra «lana» que se les quita a los lanares usando tijeras), ubicado al oriente del pueblo. Allí nos reuníamos entre amigos de la infancia y adolescencia, grupos de, entre cuatro y cinco, para hacer las inolvidables «melcochas», en cuya actividad participábamos con mucho entusiasmo: unos recogiendo leña, otros preparando el fogón, otros partiendo la panela, producto que siempre provenía de la bodega de don Santitos, sin problema. En el mismo río, que era el más importante del pueblo, estaban los sitios más emblemáticos, como Viuda Armana, que significa el baño o lugar donde se bañaba la viuda; La Trasquila, que se nombró antes, Pillaló; también un «bado» al cual concurríamos de vez en cuando con papá y mamá, específicamente para lavar las cobijas de lana, que no se podían hacer en otro lugar o daban mucho trabajo, eran piezas muy grandes y pesadas, de por lo menos, tres kilos cada una. Paila Cocha; río abajo estaban los molinos, grandes ruedas de piedra que se movían con la fuerza del agua. Ese río formaría luego del gran Sinde, afluente del Esmeraldas, que desemboca en el Pacífico. Siempre están, por lo menos, dos de esos infaltables amigos: Rómulo Lara y el «Diablo» Estrada, Edgar, mi entrañable Sancho.

JUGANDO A CALCULAR

Este juego se desarrolla en tres partes:

Se trata de sumar los dedos de las manos y multiplicar por diez. Se espera una respuesta en diez segundos y se agrega cinco segundos para corregir si se equivoca el participante.

Ejercicio: En una mano = 5 (dedos); en la otra = 5; en las dos = 10 en 10 = ?, Generalmente, el participante contesta 100 por que contesta automáticamente, sin meditar, ya que en su memoria tiene guardado 10 x 10 = 100 (respuesta correcta). (En 10 manos hay 50 dedos).

PARADOJA

Por considerar demasiado sencillo el ejercicio no nos detenemos unos segundos para analizar, brevemente, y evitar un yerro.

MORALEJA

Aún en las cuestiones más sencillas debemos cuidar nuestro comportamiento.

SEGUNDO NIVEL

En este, el participante va a sumar tres (3) números iguales que sin ser el ocho (8) le den 24. Para este ejercicio el participante cuenta con papel y lápiz para sumar gráficamente. Se espera una respuesta en 30 segundos.

TERCER NIVEL

El participante va a ornamentar un parque que debe tener cinco columnas con 4 árboles por columna, para lo cual cuenta con 10 árboles. Se espera una respuesta en 30 minutos.

Respuesta segundo nivel

$$\begin{array}{r} 22 \\ +\ 2 \\ \hline 24 \end{array}$$

Respuesta tercer nivel

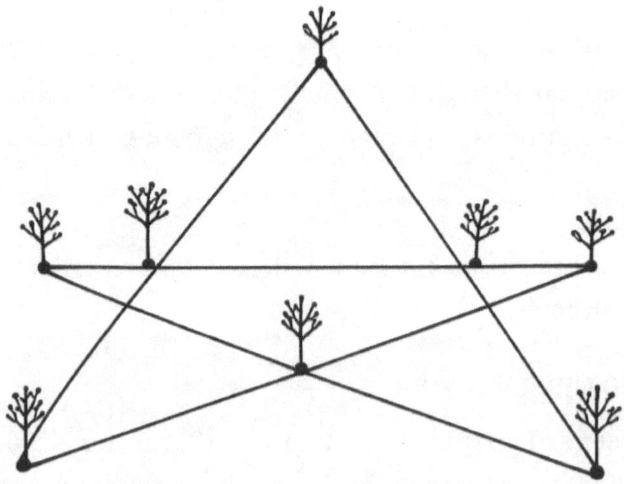

III
ACTOS INUSUALES, IRREFLEXIVOS PERO CERTEROS

PRIMERO, EL GATO MONTÉS (edad aproximada: 10 años)

Varias familias del pueblo mantenían tradiciones o costumbres muy propias del lugar, tales como templar cordeles sobre los fogones de leña, en los cuales tendían piezas de carne de varias clases —cordero, chancho y vacuno— hasta que tomaran el aspecto y calidad de «ahumados». Los miembros de las familias se ubicaban en la parte posterior del fogón o cocina de leña para aliviar el intenso frío, sobre todo en invierno. Entonces tomaban un cuchillo adecuado para cortar trozos de carne y ponerlos sobre el carbón ardiente y compartir una sabrosa cecina.

Más ocurre que un día de aquellos se produjo una discusión por la desaparición de una pieza en proceso de preparación sobre el cordel. Nadie sabía cómo desapareció, pero había muchas sospechas desagradables al respecto. Un cierto día, sin mayor explicación, se me ocurrió ocultarme en el «soberado», sitio cercano al techo de las casas que servía para guardar granos y cereales como reservas para temporadas de invierno, pero muy cercanos a los cordeles con piezas de carne. No sabía qué ocurriría luego; sin embargo, ya contaba con un lazo de soga de cabuya.

De pronto escuché un sonido no muy fuerte: sigilosamente ingresaba al soberado un animal al cual no se podía identificar por la poca visibilidad en el lugar. Cuando el animal se acercó a los cordeles ya sabía que se trataba de un animal bastante grande, muy parecido a un gato, pero que nunca había visto uno de esos. Muy rápidamente tomó una pieza de carne entre sus garras y empezó su huida. Es cuando se inició la odisea: me ubiqué al frente del felino tratando de rescatar la cecina, pero era inútil; tenía tanta fuerza que pasó sobre mi humanidad con mucha facilidad. Entonces aumentó mi adrenalina y, de súbito, logré atraparlo. No tuvo ninguna dificultad para atacarme: me desgarró la camisa y sentí que me lastimó el pecho con sus garras, y fuimos a parar en el piso, enredados en una lucha feroz.

Lo que no puedo explicar es por qué tenía aquel laso en mis manos, pero en medio de la lucha, alcancé a poner el laso en el cuello «pescuezo», del animal y poner fin al episodio, con un triste e inintencionado final. A la llegada de mis padres se produjeron reacciones encontradas, unas de reproche por haberme expuesto a un daño aún mayor al que me infringió aquel felino, que fue descrito como «gato montés», es decir, salvaje, no domesticado; la otra reacción se refería a la solución del problema de la desaparición de las piezas de carne, que no tenían explicación.

SEGUNDO, LA LLAVE DEL CANDADO QUE ASEGURABA LA BODEGA DE MI PADRE

La actividad más importante que realizaba mi padre, fue el comercio de varios productos, como la compraventa de panela; tenía la reputación de ser el mayor proveedor, principalmente a varias parroquias de Riobamba. Otro producto fue la lenteja; a propósito de esta gramínea, mi padre Santos era socio comercial del mayor bodeguero de Ambato, señor Salomón Vargas, con quien hicieron mis padres una gran amistad, y estoy casi seguro que de aquella amistad surgió mi nombre. Dicho producto tenía gran demanda a nivel internacional, en el Perú y Colombia. Para dicha actividad se había destinado y adecuado una bodega de unos 40 m^2.

En épocas de verano, prácticamente se quedaban abandonadas las propiedades del pueblo porque pasábamos particularmente en Ingapirca; sin embargo, no se interrumpía el ingreso de las mercancías a la mencionada bodega. En uno de los viajes de mi padre notó que su bodega había sido violentada. En el lugar encontró una romana, aparato de gran tamaño que se usaba para pesar los granos en sacos de yute con un volumen de cien libras. Para sorpresa de mi padre fue evidente la disminución en el depósito de lenteja, hecho que nos comentó muy abrumado y sin encontrar la explicación.

Por mi parte, sentí una gran tristeza, ya que esos actos eran desconocidos y que causaban grave perjuicio no solo material, sino en el ámbito moral. Al respecto, la única persona que podría tener acceso a la bodega era el Segundo Cambo, quien trabajaba en la casa de mis padres en calidad de «criado», cuya modalidad le permitía gozar de la confianza de mis padres y vivir con todas las comodidades en el entorno familiar. Lo único cierto hasta ese momento, fue el hurto que se había materializado en la bodega, sin que se haya violentado la cerradura o candado, con agravantes alevosos como la instalación de la romana para pesar el grano y la magnitud del hecho.

Con el pesar de lo acontecido y sin poder dejar de pensar en lo mismo, sin planificación y mucho menos certeza de lo que hacía, ingresé a la casa contigua de propiedad del tío Julio, adosada a la del Segundo, que por cierto solo le separaba un bareque de carrizo y paja, es decir, muy endeble, porque se trataba de la casa hecha para que llegue su hija Conchita Villegas. Ella vivía con su familia en Mulanleo, un pueblito del cantón Ambato, y venía muy esporádicamente a visitar a su padre. Era una casa pequeña que le habían asignado al Segundo. Pasé el bareque, descendí unos tres metros hasta llegar al piso y lo primero que me llamó la atención fue un baúl grande, como aquellos que tenían los «jefes»; en esos tiempos aún se denominaban «patrones». Dicho aparato no tenía seguridad, así que no tuve dificultad para auscultar su contenido. Me sorprendió la calidad de prendas finas, como las que usaban los señores. Como a la mitad de su contenido se hallaba un termo, objeto casi desconocido y, de hecho, inexistente en la casa de sus benefactores.

Tomé el objeto y, sin dudar, lo moví de un lado para otro y escuché el sonido de un metal en su interior. Lo destapé; nunca había destapado un termo y estuve sorprendido por la forma del aparato y su doble tapa, que tampoco había conocido antes. Luego lo vacié y tenía en la palma de mi mano izquierda una llave. No dudé ni un segundo y asumí que se trataba de la llave del candado que aseguraba la puerta de la bodega. Arreglé la ropa en el baúl, encontré la forma de volver al bareque, salí por la misma ruta de entrada y corrí a probar la llave en el candado de la bodega: era un duplicado. Eso explicaba todo; por la confianza depositada en el Segundo, de seguro que quien adquirió el candado fue el mismo Segundo y se quedó con el duplicado.

De la noticia fue notificado mi padre, quien de inmediato tomó medidas drásticas. Al respecto, ordenó que el Segundo no puede abandonar el hogar desde ese momento. Ya era la tarde, las cinco o cinco y media (17:30 h); luego le incriminó de tal manera que el Segundo no tuvo argumento para negar el hecho. Preparó su cabalgadura y se lo llevó al Segundo atado de manos y halado con un cabestro. Ya era la noche y no quería que alguien se enterara de cómo lo llevaba, pero su destino era una autoridad penal de la ciudad de Guaranda. Al día siguiente, casi al amanecer, estuvieron de vuelta, mi padre y el Segundo, quien había sido perdonado luego de declarar todas sus fechorías. Fue expulsado de la casa de habitación y retirado la confianza. ¿Cómo se me ocurrió esa forma tan certera de encontrar el lugar donde se escondía el «cuerpo del delito»? Nadie sabe ni lo sabrá, porque ni yo mismo lo sé. Mi edad para entonces, fue de diez años aproximadamente.

TERCERO, DESCUBRIR EL ROBO DE LAS OVEJAS

Con cortos períodos de tiempo ocurrían los robos de dos ovejas, en cada ocasión, por el mismo lugar y con los mismos métodos. Se sospechaba que utilizaban escaleras, debido a la altura de las paredes del corral, hecho que se confirmó luego de descubrir al autor material de esos robos. El último atraco ocurrió en una noche, mientras me hallaba de vacaciones en el pueblo; seguramente fue un día de julio o agosto.

Era una mañana soleada de verano; a eso de las 7:30 h se acercó mi padre a los dormitorios y, alarmado, nos comunicó que habían sido robadas dos ovejas, de las mejores, del interior del corral. Siempre ocurrían los robos por el mismo lugar, la parte posterior del corral, sin dejar mayores huellas; luego supimos la razón de las facilidades. Hicieron el seguimiento de las huellas en los supuestos lugares por donde transitarían los ladrones; fueron las mismas maniobras de despiste de las anteriores. Luego, a respirar profundo y continuar con las actividades hasta el próximo acontecimiento.

A eso de las 8 h fui acompañado de dos de mis pequeñas hermanas, Olivita y Olguita, así se las llama con mucho cariño, a visitar el corral. Encontrándonos en la casa que lindaba justo al lado posterior del mismo cuando, sin reflexión sobre las consecuencias ni otra explicación, levanté mi pierna derecha y, de un golpe muy fuerte con mi pie, que calzaba una bota bien hecha, desbaraté la cerradura de las puertas. Tuvimos ante nuestros ojos a un hombre con las manos ensangrentadas, armado de un enorme cuchillo, despellejando a una de las ovejas robadas. La primera reacción del malhechor fue amenazarme con el cuchillo, pero esa reacción no le duró sino un par de segundos; inmediatamente se desmoralizó al ver mi serenidad y por sentirse con la evidencia que desnudaba no solo ese robo, sino todos los anteriores, que se habían perpetrado usando una escalera de madera, y con la intervención de otro cómplice, según declaraciones del «compadre» Manuel (nombre ficticio). Este mismo que fue perdonado, como en el caso del Segundo Cambo, ya por la cercanía de primo político, compadre y primo del comisario, y por la grandeza de corazón de mi querido e inolvidable padre. Mi edad aproximada fue de 20 años, Para entonces ya vivía en Quito, realizando mis sueños. Luego el rebaño fue vendido porque mi familia se trasladaba a la ciudad de Ambato; por eso se dijo: «El último robo».

CUATRO, EL CABLE AVERIADO DEL «PODE», EN PLENO PASEO

Fue un verano, mientras gozábamos de nuestras vacaciones. Normalmente teníamos dos destinos: el uno era la playa y el otro a visitar a nuestros familiares en Ambato, a los hogares de mis padres y de mis hermanas; también visitábamos a mi hermana Marcita, que vive en Puerto Napo, en el Oriente. El acontecimiento enunciado ocurrió precisamente cuando emprendíamos el viaje hacia su hogar, luego de una experiencia que no fue la única: en varias ocasiones me extraviaba de las rutas. Esta vez ocurrió cuando intentábamos llegar a Puerto Napo; sin embargo, en el pueblito de Baeza tomé, sin darme cuenta, la vía hacia el Coca. Fue debido al mal estado de la vía hacia el Tena, pues casi no se notaba que era una vía carrozable, y avanzamos felices por el «buen camino». Esta frase invocábamos al inicio de nuestros viajes, pero lo que en realidad deseábamos era el «camino correcto». Mientras transitábamos por el «el buen camino», no sentíamos ninguna preocupación; inclusive hicimos una aparada larga en un hermoso río del Oriente cuyo nombre no puedo precisar.

Tan solo cuando iban siendo las cinco de la tarde (17 h) empezó nuestra preocupación, porque ya era hora de llegar a nuestro destino. Entonces hicimos parar al primer viajero que encontramos para preguntarle si realmente nos dirigíamos a Puerto Napo. El viajero nos informó que estábamos viajando hacia el Coca y, que el lugar donde podíamos alojarnos estaba a dos horas y media de viaje, esto es, en Lumbaqui, una estación de bombeo del oleoducto transecuatoriano, lugar en el cual habían instalado una especie de hotel. El cálculo del viajero del cuento fue perfecto: llegamos al lugar a las siete y treinta p. m. (19:30 h). Allí nos recibieron amablemente y nos proporcionaron alimentos y dormitorio. Un hecho anecdótico se produjo a nuestro arribo: se trataba de la grata presencia de nuestro primo Estuardo Paredes Llerena, quien pernoctaba en el mismo lugar.

Luego de un descanso reparador, decidimos emprender el retorno, muy temprano, a las cuatro de la mañana, en nuestro clásico Land Rover inglés, modelo 65. Para entonces mi hermana Marcita ya sabía que nos habíamos extraviado y que llegaríamos al siguiente día. Iban siendo las cinco y treinta y nuestro auto se paralizó súbitamente en el camino. Nuestros niños, Andrés y David, estuvieron dormidos; a mi señora Mary Cruz no le hice notar lo ocurrido. Me bajé disimuladamente, alcé al capó del auto y me ubiqué justamente en el lugar correcto, cerca del carburador. Lo primero que hice, sin pensar, fue quitar el recubrimiento de uno de los muchos cables que estuvieron a la vista, y para sorpresa mía, en el lugar donde se había roto el hilo conductor de energía. Antes de recubrir la avería con *tape*, procedí a probar, y fue exactamente el daño que se había producido y que se encontraba reparado, como por arte de magia. Mis compañeros de viaje no se enteraron de lo ocurrido y pudimos llegar a nuestro destino, sin más novedades.

Los entendidos y varios pensadores consideran a estos actos como «paranormales», que no se volvieron a repetir en mi existencia, pero me causaron una sensación muy compleja por la forma cómo se produjeron: tan certeras, pero inexplicables.

IV
EL TRABAJO DE MI ADOLESCENCIA, ESCUELA DE LA VIDA

«Quítale el trabajo a los bienes materiales e inmateriales y no tienes nada». Esta enseñanza es universal, por lo que es justo y necesario un reconocimiento respetuoso hacia quienes dejan sus vidas en el trabajo para el bienestar que debería ser colectivo e igualitario, pero que hoy por hoy beneficia a unos pocos que, aupados por sistemas y gobiernos parcializados y carentes de conciencia social, se apropian del trabajo ajeno. Ningún artificio, tal como el «plusvalor» o valor agregado al valor real de los bienes y servicios; ni los intereses sobre capitales que hacen pagar a los pueblos, convirtiéndose en la moderna esclavitud; ni la «caducidad programada», es decir, acortar la duración de los bienes con el fin de obtener mayores réditos; ni el daño a la naturaleza causado con el mismo fin, el enriquecimiento ilícito; ni el darle «personalidad al mercado», que se refiere al libre mercado que se «regula» en la oferta y la demanda, nada de eso está justificado. Son vicios del sistema liberal y neoliberal, contrarios a la ética, a la moral, a los acuerdos Internacionales, estatuidos en las normas de la ONU y la OEA, sobre los Derechos Humanos, los Derechos de la Naturaleza, etc., irrespetados flagrantemente hasta la actualidad.

Concluido mi período escolar, asumí inmediatamente, junto a mi padre, mi madre y mi hermano mayor, las tareas que requería nuestra familia, para administrar sus bienes, en una proporción, casi superior a mis capacidades. Se relacionaban con sembríos, cosechas, cuidado de rebaños, trabajo en un molino semiindustrial que servía para atender las necesidades de la comunidad y un salón de billares que funcionaba generalmente en las noches y días de feria. La administración de los bienes que habían adquirido mis padres con su trabajo tesonero y sacrificado.

Entre esos bienes constaban catorce inmuebles: once de una superficie aproximada de media hectárea cada uno en el pueblo; otro de dos hectáreas y media en Tacarpo, un lugar de menor altura que Simiátug a unos 1800 m; y dos de mayor superficie, uno en Simiátug que se aproximaba a las treinta hectáreas y otro en el subtrópico, denominado Ingapirca, de unas cincuenta hectáreas. Este último fue nuestro lugar de destino durante las vacaciones desde 1959. En algunos casos, optaron por un sistema denominado «al partir». En dicho sistema, el dueño de la tierra debía entregar a los interesados las semillas para la siembra y ellos ponían su trabajo; luego de la cosecha, el producto se repartía en partes iguales. Este sistema aliviaba, en gran medida, la administración y el aprovechamiento de los inmuebles.

Las actividades relacionadas con la preparación de las tierras, los cultivos o siembras, las cosechas y el traslado de productos, requerían de esfuerzos extenuantes, teniendo en cuenta que los inmuebles destinados para estas tareas se ubicaban a grandes distancias, a lomo caballos o mulares, debido a la carencia de vías carrozables. Adicionalmente, había que acompañar a mi padre en la recolección de productos que adquiría en lugares diversos y distantes; era una de las actividades de comercio que realizaba anualmente.

Este trabajo seguro y estable, junto a la vida confortable que surgía como consecuencia del mismo, no llenaban mis expectativas, y mucho menos mis sueños relacionados con el conocimiento, las ciencias —especialmente las sociales—, el arte musical y una posible profesionalización académica.

V
UN ACONTECIMIENTO QUE AFECTÓ LA MORAL PÚBLICA

Unos tres años antes de los acontecimientos llegó al pueblo el, hasta entonces, sacerdote católico de apellido Salcedo (apellido ficticio), desde la diócesis de Riobamba. Venía acompañado de su «hermana» y dos «sobrinas» menores de edad. Hay que anotar que la parroquia estaba dotada de una gran edificación dispuesta para el denominado convento, con un área de aproximada de 400 m^2 de construcción, con todas las comodidades e instalaciones, construida junto a la iglesia de soberbia estructura, con un frontispicio de gran altura donde se ubica el campanario y un área para los actos religiosos de una superficie aproximada de 1800 m^2.

Una vez instalado, el párroco dio inicio a los actos relacionados con su misión, con uno que no se había conocido hasta entonces, y se trataba de la «fundación de una cooperativa de ahorro» para «beneficio del pueblo». Luego de proclamada la fundación, se inició la inscripción de socios y los respectivos aportes económicos. Al efecto, se presentaron dos posturas: unos que le creían al párroco y otros escépticos, formándose dos grupos antagónicos que se radicalizaron por las duras críticas proferidas por el cura en contra de quienes dudaron de la validez de la «cooperativa». Prevalido de la autoridad de la que se hallaba investido, en poco tiempo se hizo de un fondo importante, tanto que en el lapso aproximado de un año adquirió una extensa propiedad de unas cuarenta hectáreas aproximadamente, ubicada en Matiaví Bajo, cercana al subtrópico, con un número desconocido de semovientes. Como era de esperarse, esa propiedad estuvo inscrita a nombre del cura, hecho que enervó la actitud de quienes dudaron de su seriedad.

Sin embargo, dada la credulidad de algunos feligreses y, según las proclamas y los sermones dominicales, todo iba viento en popa; los informes semanales hacían creer que la «cooperativa» era todo un éxito: iban creciendo los fondos y los aportantes; así también iban creciendo los rumores del fraude que empañaba la gestión.

SE DESVELAN LOS HECHOS. UN AGRAVIO SIN PRECEDENTES CON NEFASTAS CONSECUENCIAS

Por una parte, se denunció que la «cooperativa» no reunía los requisitos de ley ni tampoco fue inscrita en la institución correspondiente, en este caso la Dirección General de Cooperativas; y por otra, un hecho insólito. Por medio de la servidumbre del cura, que laboraba en diferentes actividades —entre ellas la señora que se encargaba de la cocina y el cuidado y mantenimiento de las habitaciones, tanto del cura como de sus «familiares»—, y como dicen que los delitos no son perfectos, un día de aquellos, y principalmente por malos tratos proferidos por la «hermana» del cura, la trabajadora no tuvo ningún reparo en hacer público el hecho escandaloso que iba carcomiendo su espíritu. Entonces dio a conocer que el cura y su «hermana» compartían la misma habitación y tenían una convivencia como marido y mujer; y, por tanto, se presumía que las menores eran hijas de la pareja. Por cierto, una de ellas era mi compañera de aula en el tercer grado de la escuela.

Como en todo pueblo chico, la noticia se esparció con la velocidad del rayo; aun así, la división era palpable entre los crédulos, que podían meter las manos al fuego por el cura, y los que se sentían ofendidos por los actos impropios del sacerdote de marras.

EL DETONANTE DE AQUELLA BOMBA DE TIEMPO

A eso de las 19 h de un día que es imposible precisar, salía de mi hogar, como de costumbre, a reunirme con mis amigos en el centro del pueblo, como siempre en el horno de mamá Fermina. El paso obligado era el convento parroquial. Al llegar al lugar me percaté de que mi tío Luis, con algunas copas de más, increpaba al cura a viva voz: «¿Hasta cuándo te largas, cura corrupto, mal ejemplo para el pueblo?». En cuestión de segundos estuvo el sujeto para derribarle a puñetazos a mi tío. No podía ser otra mi actitud ante tal alevosía, pues tuvo su merecida respuesta y fue a parar en el piso el agresor. El sacristán estuvo muy atento y sonaron las campanas de «arrebato», señal de que algo grave estaba aconteciendo. Entonces se comprendió que los aliados del cura estaban prevenidos.

Casi instantáneamente se armó una batalla campal en la plaza central contigua a la iglesia, y los dos bandos se enfrentaron violentamente, sin reconocer parentescos, compadrazgos ni cercanía de clase alguna, con la diferencia de que los aliados del cura sí estaban armados con sendos maderos, «garrotes». La gresca habría durado unos cuarenta minutos; luego los heridos se ponían a buen recaudo.

La noticia del incidente había sido transmitida por la telegrafista, de conformidad con las instrucciones del cura, con falsedades maliciosas y temerarias, hacia la diócesis de Riobamba, con ánimo de causar el mayor daño posible a sus contradictores. El informe referente al incidente daba cuenta de muertos, heridos y el incendio del convento parroquial. Dicho informe causó la indignación del obispo fascista de origen chileno, que se hallaba a cargo de la diócesis; quien, según se supo luego, consiguió la movilización del Batallón de Artillería Chimborazo, mismo que hizo su arribo en la madrugada del día siguiente al incidente, con «salvas» de amedrentamiento o actos de guerra, como quien se aproximaba al «enemigo».

Ante esta situación alarmante, desproporcionada y peligrosa, mi padre nos pidió que nos alejemos del pueblo hacia una quebrada del predio Tutapuri,[5] a unos dos kilómetros de distancia. Allí permanecimos con mi hermano Gualberto hasta que nos dimos cuenta que la milicia abandonaba el pueblo, a eso de las once de la mañana del día siguiente.

INTERVENCIÓN DEL PUEBLO INDÍGENA

El ingreso del Batallón Chimborazo al pueblo fue considerado como una agresión y la reacción de los indígenas fue inmediata. El retorno de la milicia ya no fue tan fácil: habían cortado la línea telegráfica y derribado varios puentes de la vía que conectaba al pueblo con la ciudad de Ríobamba.

El batallón remontaba la Loma del Allago y los indígenas rodeaban el pueblo, como era costumbre en tiempos difíciles. Las acciones que habían planificado fueron, por una parte, dar a conocer a las autoridades que todos los supuestos acontecimientos informados por el cura eran falsos; por lo tanto, la forma violenta y agresiva con la que apresaron a los compatriotas inocentes e indefensos, violentaban las normas que rigen para los procedimientos de las Fuerzas Armadas, aun en períodos de excepción; y más aún sin comprobar los hechos denunciados.

---

5 Caminante nocturno.

Al efecto, formaron la denominada «comitiva», integrada por doce personas, bien informadas de los acontecimientos.

Por otra parte, decidieron la toma del pueblo, hecho que ocurrió, a eso de las 19 h del mismo día de la agresión de la milicia. Pasaron casa por casa de los adeptos al cura con la advertencia de que, si se oponen a la expulsión del susodicho, habría consecuencias; todo esto por la información verídica que tenían sobre la estafa con la falsa «cooperativa» y, lo más grave, la relación del cura y su familia.

Con los antecedentes anotados, proclamaron el ultimátum para que abandone el pueblo, el cura no podía quedarse más de 24 h, contadas desde las 19 h del día que tomaron el pueblo. El cura se percató de la seriedad del asunto y, a las 16 h (4 p. m.) del día siguiente, abandonaba el pueblo en forma definitiva; desde luego con el «botín a cuestas».

Debido a la contundencia de las pruebas y la tenacidad de los agraviados, quienes, a más de la brutalidad con la que habían sido aprehendidos —con agresiones físicas y descerrajamiento de las puertas de sus viviendas—, también habían sido humillados y abofeteados por el obispo; luego del retorno de los presos, apoyados por el pueblo indígena, lucharon hasta conseguir la expulsión del sacerdocio del protagonista del escándalo sin precedentes ocurrido en la parroquia de Simiátug.

Un par de años más tarde se supo que la separación del sacerdocio del cura ingrato y desleal con su confesión religiosa, era una realidad. Entonces se hizo justicia y se repararon, parcialmente, los daños causados a los habitantes del pueblo.

VI
ACTOS INICIALES HACIA UNA NUEVA FORMA DE VIDA 1963-1965

Por esas preocupaciones y anhelos, enunciados, surgió un intervalo adverso, con mi acuartelamiento voluntario en la ciudad de Ambato, con el fin de cumplir con el «servicio militar», que en ese tiempo, 1963, era obligatorio; y, en muchos casos, forzoso; los muchachos eran llevados por la fuerza hacia los cuarteles. Durante el día del acuartelamiento y la noche, fuimos los «señores», hasta que llegamos al cuartel Abdón Calderón n.° 5, cercano a la ciudad de Guayaquil.

Una vez llegados debía cumplirse la tradición: darles la «bienvenida» a los reclutas, hijos de p... Dicho acto consistía en formar parejas para «calzar guantes», experiencia que nunca la tuve, debido a que nuestros padres nos enseñaron a evitar las riñas a toda costa, porque las desavenencias no se arreglan con los puños sino con las palabras, con las razones; pero este acto «tradicional» era inevitable.

Nuestro arribo ocurrió como a las 16 h, de un día lunes; éramos doscientos jóvenes «reclutas», casi todos ambateños, bien parecidos y terminados la educación secundaria. Para el evento, mi «rival» fue un sargento instructor del citado cuartel o batallón, como lo llamaban, cuyo rango no conocí al momento del incidente, que se transformó en una batalla «cuerpo a cuerpo» y con toda la agresividad imaginable. Apenas iniciado el «combate», mi rival me propinó tremendo puñetazo en la boca, partiéndome literalmente el labio superior, ante los aplausos de los espectadores, ya que mi contendor no me llegaba ni al hombro, pero resultó un enano mañoso que sabía cómo causar daño.

Mi reacción ante tan violenta e injustificada actitud fue, en primer lugar, quitarme los guantes y, luego, golpearle sin compasión; no entendía de reglas de ninguna clase, solo sabía que fue brutal e indignante, y terminó pateado junto a una malla de alambres de púas, igualmente entre aplausos del público asistente. Hasta ese momento no tenía ni la menor idea de las consecuencias y tormentos posteriores.

Terminado el «combate», se inició una reunión para darnos algunas instrucciones, tales como, el horario de las actividades; la administración del agua para el aseo personal (cuatro galones por día) por recluta; horarios de alimentación, entre otras. Luego nos trasladaron a la peluquería para dejarnos pelados, a ras de piel; después, a la «cena», que consistía en un plato de colada de maíz con hojas de col verde, un molón de arroz con un pedazo de maduro cocinado, pero tan maduro que se hacía agua, y una jarra de agua gris, apenas endulzada con panela, ese fue el menú de todos los días durante mi estancia en el cuartel.

Luego nos «premiaron» con una función de cine, en un espacio sin sillas, sentados en el piso de cemento, sin aire acondicionado, con una temperatura de más de 30 grados centígrados. Recuerdo que el cansancio, los malos tratos y la pésima alimentación pesaron tanto que, al minuto de habernos sentado, ya caímos todos dormidos, arrimados unos con otros. Luego de la función de cine, nadie daba cuenta de lo sucedido en la película.

Después nos trasladaron al dormitorio de literas, para entregarnos lo que llamaron «la dotación», un uniforme verde, pantalón y camisa, una camiseta verde y un par de botas. No les importó si la vestimenta era de la talla de los reclutas; muchos nos quedamos sin calzado para la instrucción que debía empezar a las 6 h de todos los días. Hasta ahí solo tenía el labio partido; luego vendría el verdadero tormento proferido por el instructor ofendido.

Habían sido las cuatro de la mañana cuando escuché un grito estridente que decía: «¡Recluta Poveda!». Al efecto, no había otro Poveda, «Tienes diez segundos para presentarte ante el señor instructor: uno, dos...». No alcancé ni a buscar mis propios zapatos, ya que las botas de dotación no eran de mi talla. Semidesnudo y con un solo zapato, garrote en mano, me sacó al patio para la «instrucción», que presagiaba ser una paliza, pues aquel sujeto era el sargento Toapanta, quien en el acto de «bienvenida» fue pateado sin piedad. Quería ejercer todo el poder a su alcance para vengarse del recluta hijo de p...

Sin embargo, debido a mi orgullo natural y mi fortaleza de paisano, que alcanzaba los 180 cm de altura y 180 libras de peso, en muy pocas ocasiones me alcanzó con su vara de domador. Pero pasaron los días con la misma dosis y mis fuerzas iban mermando, teniendo en cuenta que el piso, luego del invierno, se seca y se torna muy desfavorable para el tránsito y, más aún, para el «tenderse» y «levantarse», que es lo primero que hacen los «instructores», para desgastar físicamente a los reclutas, esa es su prioridad; al menos en esos tiempos, el trato hacia los llamados reclutas era brutal.

Pasaban los días y se tornaba visible el deterioro de mis rodillas, codos, pies y manos con daños severos en mi piel, que causaban repudio colectivo hacia el individuo, por su enfermiza persecución en mi contra. Al efecto, en la primera formación realizada al siguiente día de nuestra llegada, fui nominado número uno de mi batería, con un total de doscientos hombres; el hecho acrecentó la solidaridad a mi favor.

La torpeza del Instructor le costó muy caro. Llegado el décimo quinto día de agravios, el señor teniente a cargo de la Institución tomó medidas drásticas ante la protesta de mis compañeros y, principalmente, de los de mi escuadra, quienes arriesgaron todo: dañaron la formación y le encerraron en un círculo al agresor. Al instante, el teniente, ordenó el arresto del sujeto y a los seis jóvenes de mi grupo nos realizaron un interrogatorio individual; desde luego, en mi caso los daños físicos eran evidentes.

La misma mañana de los hechos inusuales en el servicio militar dispusieron nuestro retorno, sin cargos de ninguna naturaleza, con recursos para nuestro transporte y el certificado de habernos presentado al servicio, que debíamos retirar en nuestras respectivas provincias.

La alevosía de este episodio me causó una obsesión por encontrar la forma de vengarme del agresor, pensamientos que fueron perdiéndose con el pasar del tiempo y las actividades muy positivas sobrevinientes.

SEGUNDO INTENTO POR ALCAZAR MI SUEÑO

Por información recibida de mis amigos, sabía que Guayaquil era un lugar donde podía acceder al Conservatorio de Música y, a la vez, conseguir un trabajo. Me llenó de entusiasmo esa idea y decidí emprender el viaje, tristemente sin informar a mis padres, por temor a una desaprobación. Pensaba que me dirían: «¿Qué te hace falta aquí?», y tenían mucha razón; era como un desprecio al esfuerzo que habían realizado en toda su juventud.

Recuerdo que mi padre, en muchas ocasiones, salía en su caballo a las cuatro de la mañana a realizar sus actividades de negocios u otros trabajos; mientras él tomaba su desayuno, yo sostenía la rienda de su caballo. Entonces era muy temeroso, poco menos de seis años, y en aquel lapso siempre me atraía la corriente de agua que pasaba por la acequia, justo por la puerta de nuestra casa. Siempre estuvo un pequeño «duendecito» en el agua, vestido con traje de boliviano, con gorra de colores y orejeras; hacía un cuenco con sus manos y me ofrecía algo, que yo no sabía qué era. Esta imagen con aquel personaje ya se hizo familiar; cada vez que debía sostener las riendas del alazán de mi padre.

Era un domingo del año 1964, no puedo precisar la fecha, cuando emprendí mi viaje. Luego de haber recorrido algunos kilómetros pude divisar a una persona que venía por el mismo sendero, rumbo a la cima de la cordillera central, cerca del gran Chimborazo. Dejé de acelerar mi paso porque sentía curiosidad por saber quién era el caminante y también porque pensaba que podría tener una buena compañía. Cuando me alcanzó y, para sorpresa mía, se trataba de mi entrañable amigo, músico de la banda del pueblo y compañero de serenatas, don Ángel Lara.

Nos unimos con un gran abrazo. Yo le expresé mi alegría por tenerle de compañero en ese viaje; él me dijo que iba a la ciudad de Ambato, donde debía hacer mi primera parada. Una vez llegados a la ciudad y dada la confianza que existía entre nosotros, elegimos el mismo lugar para pernoctar. Ya en la noche, como a las 19 h, tomamos alimentos y nos dirigimos a la «posada». Transcurrido un pequeño lapso, me comentó que sabía el motivo de mi viaje; asentí y le dije que pensaba que era razonable por el temor indicado antes.

Mi amigo replicó con gran énfasis: dijo que no le parecía justo que les haga sufrir a mis padres de esa manera; que estaba seguro que podía irme con la anuencia, el apoyo y la bendición de ellos, adonde yo eligiera. Por otra parte, me dijo que está seguro de que en Quito estaba la mejor escuela de música, que forma parte de las escuelas de la Universidad Central y se denomina Conservatorio Nacional de Música. Mi amigo sabía de mi pasión por conocer a fondo el arte musical, en la teoría y en la práctica.

No requería más que esa sabia reflexión, y me conmovió el detalle de acompañarme para conseguir la reprogramación de mi proyecto. Le declaré que sentía algo de vergüenza, le agradecí como corresponde y quedamos en que al día siguiente estaríamos de vuelta. Luego me comentó de dónde provenía la información sobre mi viaje: fueron sus hijas, Luisina y Hermila, con quienes compartía mis proyectos y de quienes me despedí la noche anterior a mi partida, muy emotivamente, porque teníamos una relación fraternal.

Ya caída la tarde del siguiente día llegamos al hogar de mis padres, quienes le agradecieron de manera muy sentida el gesto de don Ángel, me recibieron en medio de sollozos y me manifestaron que estaban felices porque reconociera el inmenso amor que me prodigaron. Mi padre trajo una botella de licor extranjero para celebrar el acontecimiento, mientras mis hermanas pequeñitas no paraban de llorar de alegría.

Siguiendo el diálogo, mi padre manifestó que no tenían reparo alguno para apoyarme en forma incondicional, pero que debemos planificar prolijamente mi emprendimiento. Luego de una larga conversación se retiró mi amigo, con una frase: «Misión cumplida».

A esa fecha, nuestro núcleo familiar más íntimo se componía de diez miembros: mis padres, ya citados, y mis hermanos: tres hombres, Néstor Gualberto, Oscar Salomón, Leoncio Edmundo, y cinco mujeres, Flora Dalila, Iralda Oliva, Olga Beatriz, Marcia Antonieta y Sonia Raquel. Al respecto, me causaba mucho dolor el saber que las pequeñas debían asumir algunas tareas de las que antes me hacía cargo, aunque que ya mis padres manifestaron su preocupación por la educación de los más pequeños. Sentí con satisfacción que mi decisión iba a cambiar radicalmente la historia de nuestro núcleo familiar.

Pasaron varios meses y ya llegó el año de 1965, hasta que por fin encontramos la solución para mi estadía en Quito, a través de otro amigo querido, Vinicio Bastidas, quien ofreció compartir su vivienda, hasta que pueda radicarme en la ciudad.

Fue otro domingo en que mis padres me despedían desde Ambato; hasta entonces nadie sabía que esa sería una actitud definitiva, sin retorno. Una vez llegado a Quito sentía gran curiosidad por los avisos clasificados del diario El Comercio. Aprovechando un par de horas que quedaban del domingo subí al Panecillo, con periódico en mano, para realizar un breve reconocimiento visual de la ciudad, que se podía reconocer desde la cima: empezaba en la Villa Flora y terminaba en el Ejido.

Para mi sorpresa había varias oportunidades de trabajo en los avisos de El Comercio y decidí probar suerte en uno, en un negocio de venta de materiales de construcción ubicado en la calle Santiago, que lindaba con el parque el Ejido, a unos tres kilómetros de la calle Pereira, donde me hospedaba. Al día siguiente, a las 8 h en punto, estuve en el lugar para la entrevista con el dueño, de apellido Jijón. No le agradó mucho, por cuanto creía que este trabajo no era para mí; según sus expresiones, fue necesario responderle educadamente, pero con convicción, que no se preocupara, que estaba apto para el trabajo y que, además, no duraría si no hasta inicios de octubre, mes en el que debo iniciar mis estudios. Tuvo curiosidad y me preguntó que iba a estudiar; le respondí: música. Él me pidió que, luego me hiciera saber cómo me iba.

VII
PRIMEROS PASOS POSITIVOS HACIA MI OBJETIVO 1965-1968

Luego de las averiguaciones necesarias, inicié con el cumplimiento de los requisitos para matricularme en el Conservatorio Nacional de Música, por su puesto, el primer acto, con emoción inusitada fue el ingreso a la vieja casona, ubicada en la calle Cuenca y Chile, con la autorización de Don Juanito Ávila, el conserje, justo en la plazoleta La Merced.

Recorrí todo el lugar que constaba de dos plantas, con varios habitáculos, dotadas de pupitres que se usaban como aulas de clase; en varias aulas se notaba la existencia de un piano en cada una; un pequeño patio central y una cancha de ecuavóley, con piso de tierra, en la parte posterior de la edificación, esa constatación iluminó mis ojos, porque era el deporte que practicaba. Agradecí la gentileza de Juanito, y abandoné el lugar, con mi mente llena de pensamientos positivos, algo me anunciaba que ese sería mi bello lugar de formación académica.

Ya corría la última semana de septiembre de 1965. Los exámenes médicos debían realizarse en el edificio de la antigua Universidad Central, calles García Moreno y Espejo. Con la documentación respectiva me inscribí en la institución para las pruebas de admisión. Conocí que para esta carrera o profesionalización la vocación y aptitud musical eran determinantes, más que cualquier otro documento que acreditara instrucción académica.

En los primeros días de octubre, los aspirantes ya teníamos fijados día, hora, lugar y el maestro o maestra que debía realizar dichas pruebas. Llegado el día, con el «alma en un hilo», ingresé al aula en la cual me esperaba una maestra de talante amigable, quien me recibió amablemente. Se presentó como la maestra Clara, «pero me dicen Clarita», me dijo. Luego me recomendó que me tranquilizara, porque los nervios pueden jugar una mala pasada.

Me colocó al costado del piano e iniciamos con la imitación de sonidos; luego prosiguió con varios intervalos y, por fin, con sonidos altos y bajos. Se dio cuenta que mi aptitud o tesitura era para sonidos altos. Concluyó la prueba, se puso de pie, colocó su mano derecha en mi hombro, me felicitó y me dijo: «Hijo, personalmente, te presentaré a la maestra de canto para que inicies tu trabajo en su grupo apenas se abran las clases».

Casi no podía creer lo que acababa de pasar. Sentí una gran emoción y le manifesté mis agradecimientos. Luego me indicó lo que pasaría después de mi matriculación: debía asistir obligatoriamente a las clases de teoría musical; debía aprobar tres niveles de piano; y, en relación a las otras cátedras o instrumentos de mi preferencia, eran voluntarios. Finalmente, me indicó que pasaría su informe a la administración para que procedieran con mi matriculación.

Empezaba octubre y, a la par, el nuevo ciclo de estudios, sección Sierra y Oriente. En la primera semana de ese mes ya fui presentado con la maestra de canto, doña Hilda Olguizer de Larrea, soprano laureada de nacionalidad alemana, casada en Quito con un prestigioso abogado, el doctor Pedro José Larrea, entonces secretario particular del doctor J. M. Velasco Ibarra, quien, creo, ejercía su quinto mandato y será nombrado en este trabajo por sus actos de triste recordación, en su calidad de dictador.

Conocí a mi maestro de Teoría Musical, Solfeo, Dictado, Lectura y Escritura Musical, el señor Juan Macas; y conocí a una persona maravillosa, doña Inés Jijón, mi maestra de piano, dotada de una personalidad tan especial que personificaba a una madre de verdad en toda su magnitud. Jamás la olvidaré por su afecto y dedicación que me prodigaba.

Hubo un episodio único y particular, acaecido por mi afición al ecuavóley. Un día llegué a su clase con las manos inflamadas «hinchadas», pues me había excedido en el juego. No fue la primera vez que observó el daño en mis manos, pero esa vez se sintió tan conmovida que pude ver cómo corría una lágrima por su maravilloso rostro, mientras me decía: «Hijito, usted es un artista y no puede desperdiciar la oportunidad que le da la vida de ser un gran músico». Esas frases pesaron, obviamente, más que mi afición a dicho deporte. Con esa su actitud me pareció que me permitía acercarme con un cariñoso y respetuoso abrazo, tan propio como de un hijo a su madre.

Luego de varios días, sentí una fuerte atracción por las clases de guitarra y contrabajo, a cargo del maestro don Carlos Bonilla Chávez. Los alumnos de las dos especialidades compartían la misma aula y el mismo maestro, en los tiempos correspondientes. No dudé en consultarle la posibilidad de que me aceptara en la cátedra de contrabajo y se produjo otro hecho que formó una cascada de buenos presagios: desde mi llegada al conservatorio fui aceptado sin vacilación.

Tuve el honor de formar un círculo de amistad muy cercana, con el mismísimo maestro, con sus dos hijos, Carlos Jr. y Alejandro (corvino), y su hermano Héctor, «Manito» Bonilla. Maestro con quien compartimos vivencias como la inauguración del primer canal de televisión, el Canal 6, en Quito, Loma del Itchimbía. Tuve el honor de formar parte del elenco de artistas que actuamos en dicha inauguración y, posteriormente, como director musical de la casa IFESA, en Guayaquil.

VIII
EL GRUPO LÍRICO UNIVERSITARIO TODO UN ACONTECIMIENTO DE FRATERNIDAD, FORMACIÓN Y REALIZACIÓN ARTÍSTICA 1965-1973

El primer día que fuimos presentados con la maestra de canto ocurrió un acontecimiento feliz. Luego de varios ejercicios con escalas e intervalos en el piano, doña Hilda no dudó ni un segundo en acogerme, con beneplácito en su cátedra; y, luego de una corta información que requería de mi parte respecto de mi interés e inclinación por la música nacional, me comunicó que estaría gustosa de que integrara el grupo de forma inmediata, si estuviera interesado. No pude menos que agradecerle profundamente e informarle que interpretaba el rondador, instrumento autóctono del Ecuador, incluyendo una breve anécdota que relacionaba mi afición por ese instrumento: era una herencia de mi padre, quien interpretaba maravillosamente.

No había duda que mi aporte para su proyecto era notable. De inmediato me dio la ubicación de su casa, donde se realizaban los ensayos del grupo, el número telefónico y los días de ensayo. Me alegró de sobremanera su generosidad, al saber que podía contar con los créditos del grupo para los fines posteriores de mi profesionalización.

Se materializó ese ofrecimiento en mi hoja de vida estudiantil, que formaba parte del Archivo de la Dirección de Educación de Pichincha, y que servía para cubrir el déficit de maestros de Música; aunque debo confesar que prefería mis propios éxitos.

En el Grupo Lírico, se interpretaba Música Nacional a través del canto y las danzas o bailes nacionales, como sanjuanitos, saltashpas, arrullos esmeraldeños, entre otros. En el primer encuentro con los otros integrantes se notaba un ambiente bastante tenso y no faltó un «run run», como se dice en el argot popular, «de la chacra al escenario»; sin embargo, al finalizar el ensayo, que duró un poco más de una hora, las expresiones cambiaron positivamente, inclusive las de mi pareja, Alicia Morales, una chica ambateña, con quien completamos cuatro parejas de baile y canto.

Punto aparte, era la satisfacción de mi maestra y de los integrantes del grupo de instrumentistas que acompañaban las actuaciones, por la compaginación rítmica con la ejecución de mi rondador: «solito voy con mis penas, a solas con mi dolor, caminando por la Sierra, tocando mi rondador», como ejemplo.

El Grupo Lírico Universitario estuvo conformado por los artistas: Oswaldo Galarza, chulla quiteño, tenor; Mariana Dueñas, soprano, pillareña; el «chagra» como lo llamábamos cariñosamente, Eduardo Hurtado, tenor, ambateño; Alicia Caicedo, soprano, ambateña; Salomón Poveda, tenor, simiateño (Guaranda); mi pareja de baile Alicia Morales, mezzosoprano, ambateña; Germán Sánchez, barítono, quiteño; y Margarita Alvear, soprano imbabureña.

El repertorio que interpretaba el grupo era de mi conocimiento y práctica desde hacía muchos años, desde mi adolescencia, por lo que no tuve inconvenientes al respecto. Mi relación y pertenencia al grupo duró cinco años aproximadamente. Actuamos en diferentes lugares, con trajes típicos, bailes y música nacional; realizamos actos en lugares apropiados para la promoción del turismo internacional del país. Es lo que pude entender, aunque no se nos explicó el objetivo ni la razón de las filmaciones; pero, en fin, así fue la real situación de los artistas en esos tiempos. Nuestra afinidad y confianza con la maestra directora fue otro factor para cooperar con sus planes, sin discusión.

Tuvimos otras actividades diferentes a las actuaciones con música folklórica: actuamos en recitales de música clásica en varios escenarios de la ciudad. Inclusive, con varios alumnos de canto, la maestra preparó y presentó la ópera *Serva Padrona* en el Teatro Nacional Sucre, el más prestigioso de la capital.

Varios acontecimientos positivos, elevaron el prestigio del Grupo Lírico. En 1968, tres integrantes del grupo —Mariana Dueñas, Germán Sánchez y Salomón Poveda— formamos la delegación de la Casa de la Cultura Ecuatoriana (Núcleo Pichincha), por gestión de la maestra Hilda Olguizer, para participar en el Festival de Música Nacional, con la participación de delegaciones de Quito, Guayaquil, El Oro, Loja, Esmeraldas, entre otros. El festival fue organizado por las autoridades de Machala, El Oro; al efecto, esos eventos gozaban de fama internacional, y dicha provincia era conocida en esos tiempos como potencia bananera.

Un día antes estuvimos en Guayaquil para un ensayo previo con el mejor trío de guitarristas de la ciudad, llamado El Trío de Oro. Mi rondador y el dúo con Germán Sánchez tuvieron un éxito rotundo, y fui condecorado con la distinción a la «Mejor Delegación».

Un año después, en 1969, ocurrió otro acontecimiento feliz en Caracas Venezuela. El Grupo Lírico Universitario, en pleno, y un destacado grupo de ballet fuimos seleccionados para representar al país en el Festival Internacional de Música Latinoamericana. Las dos agrupaciones estuvieron dirigidas por las maestras alemanas Hilda Olguizer y Sabina Jerz, respectivamente.

Dicho evento tuvo algunas particularidades. En lo personal, aparte del viaje Quito–Caracas, realizado en un avión antiguo de la Fuerza Aérea Ecuatoriana, que por poco me imposibilita participar en el festival debido a una afectación severa en mis oídos —superada gracias a la intervención médica urgente una vez llegados a Caracas—, luego todo fue, como se dice, a pedir de boca. Nos alojaron en el mejor hotel cinco estrellas, el renombrado Tamanaco. La amabilidad de los caraqueños fue algo de resaltar.

Nuestra música nacional, fue acogida con asombro; en forma particular, la interpretación del pasillo *Alma Lojana*, que me fue asignada por la maestra directora, doña Hilda Olguizer, enloqueció a la concurrencia del coliseo del centro de la ciudad y fue determinante para la premiación con el primer lugar para la representación del Ecuador.

Luego del festival, abandonaba muy temprano el hotel para recorrer la ciudad y luego me dirigía hacia los barrios periféricos, especialmente en las noches. Sentía mucho interés por el folklore, pues, según información de los conductores de taxi del Tamanaco, existían varios grupos de música llanera conformados por músicos que interpretaban instrumentos como el cuatro venezolano, el cajón, el contrabajo y varios instrumentos de percusión. Por cierto, las carreras eran gratis; fueron tiempos de bonanza económica en Venezuela, además del impacto positivo que causó el premio en dicho festival.

En una de esas aventuras nocturnas tomé contacto con uno de esos grupos musicales tradicionales de la ciudad, y fue cuando ocurrió una anécdota inolvidable. En el desarrollo de la presentación del grupo me permitieron interpretar una obra muy conocida en la región *Alma Llanera*: «Yo nací en esta rivera del Arauca Vibrador, soy hermano de la espuma...». Se incorporó uno de ellos, me dio un gran abrazo, de esos que llenan el alma, y me pidió que tomara en mi mano un cuatro. De pronto, me dijo que ese instrumento sería mío, pero con una condición: que rindiera un pequeño examen luego de las clases que él me diera desde esa misma noche.

Las disculpas por no poder nombrar a varias personas tan queridas en mi vida, pueden ser muchas; mas ocurre que ahora, que acabo de cumplir 78 años, y ya jubilado, tengo tiempo para escribir mis memorias. Todos en la reunión de aquella noche sentían tan cierto mi respeto y cariño hacia ellos y, en especial, para el hermano que me hacía el homenaje, con un aditamento: se comprometía a presentarme con los miembros de la Orquesta Juvenil de la Universidad Central de Caracas y su director al siguiente día.

Luego, con la confianza y el cariño compartidos, les pedí que me permitieran interpretar el contrabajo. Al respecto, unas semanas antes del viaje había sido aceptado en la Orquesta Sinfónica Nacional, luego de culminar mis estudios de dicho instrumento con el maestro Carlos Bonilla, primer contrabajo de la orquesta.

Dos hechos maravillosos ocurrieron luego. El primero fue la presentación mencionada en la Orquesta Juvenil. Los miembros de la orquesta estaban bien informados del éxito del festival internacional realizado, días antes, me recibieron con gran afecto. Entonces me di cuenta que ellos habían superado ciertos recelos entre compañeros músicos, algo que era muy diferente en Quito. Me invitaron a interpretar dos obras de corta duración, hecho que terminó en una espontánea invitación para que integrara la orquesta; pero un cierto apego a mi querida Quito, a mi familia y a mis proyectos sociales pesaba más que el orgullo que sentí por el afecto y la acogida de esos compañeros músicos juveniles y su director; en lo de juveniles, estuvimos parejos.

Luego de esa experiencia, que recibió mis reconocimientos, corría el tiempo para mi «prueba» con el cuatro. Puse todo mi empeño y, como el fluir del agua, vinieron a mi mente unos personajes del folklore venezolano escuchados en aquellas reuniones: el Aguapure, la Indyita María Laya, el Bohío, entre otros. Para el momento de la prueba ya tenía esbozados unos versos para cantar acompañado del cuatro, que quedaron así:

«María Laya»

Desde Aguapure yo vengo,
vengo a ver a la Indyita Maria Laya (bis).
Me dicen que es linda y hermosa,
que se parece un capullito de rosa (bis).
María Laya, si te casas conmigo,
ahí está mi cafetal,
Mis cabras y mi bohío" (bis).

Aquello acrecentó nuestra hermandad y me hicieron acreedor a la propiedad del querido cuatro, que lo tengo en mi poder hasta estos días y luego fue dedicado a mi amada consorte, María Teresa.

Sin embargo, luego de una larga experiencia y convivencia inolvidable, la terminación de mi relación con el Grupo Lírico fue drástica e inesperada. Nuestra querida directora había gestionado una presentación de beneficencia en los Estados Unidos de Norteamérica, nada menos que en el Madison Square Garden. Como parte de la preparación del evento, llegó al País una delegación de dos señoras, que deseaban saber nuestras «costumbres»; creían que aún usábamos «taparrabos». En fin, ese no fue el motivo de nuestra desavenencia, sino una información que compartió de forma personal y reservada, la maestra Hilda, al decirme, en su dialecto alemán: «Sagomón —en lugar de Salomón— por fin tenemos cheque en blanco».

Dicha confidencia borraba todo un largo trabajo sin remuneración. Se acercaba el día del viaje, y todo estuvo en su punto: documentos, repertorio, vestuario, itinerarios, etc. Entonces ocurrió, lo inesperado: señores, todo arreglado, pasajes, estadía y un viático diario de cinco dólares por cinco días. Es decir, el solo hecho de viajar a los EE. UU. con gastos pagados ya constituía un premio y, además, una «gran suma de veinticinco dólares» por persona.

Esa información me causó enorme indignación, contenida hasta que me fue corroborada por la maestra, también en forma privada. Ante esa situación pude sacar fuerzas para explicar a la maestra y a mis compañeros mi renuncia a dicho viaje, desde luego con mi compromiso de conseguir un reemplazo a la altura de las circunstancias. Tanto la maestra Hilda como mis compañeros reaccionaron en forma adversa, pues me resultó imposible romper la confidencialidad otorgada por mi maestra, aunque sus expresiones violentas y descomedidas trazaron el fin de nuestra relación.

En medio de una confusión recibí la solidaridad de mi compañero Germán Sánchez, y así concluyó, de mala manera, nuestra historia en el Grupo Lírico Universitario.

IX
LUCHAS POR NUESTRA CULTURA MUSICAL AL INTERIOR DEL CONSERVATORIO. UN CAMBIO RADICAL

Pasados varios meses de trabajos comunes en nuestras tareas cuotidianas, pudimos reconocernos y formar un grupo interesante de compañeros, casi todos venidos de provincias. Las pocas alumnas de la capital dejaban notar que su objetivo era mejorar su personalidad con la historia de haber pasado por el Conservatorio; ese comentario era confirmado por el inspector general, Leonardo Andrade, quien decía: «Estas jovencitas vienen un rato, solo por adorno, a ocupar los puestos que necesitan los verdaderos interesados».

Muy rápido coincidimos en algo que no entendíamos en absoluto y se relacionaba con la imposibilidad de interpretar música nacional al interior del Conservatorio. En varias ocasiones habían sido amonestados por el señor Andrade, inspector general de la institución, por esas prácticas. Con el paso del tiempo, esta situación de no poder interpretar nuestra música se tornó crítica, al punto que se hizo indispensable una reunión, encabezada por el compañero de apellido Camacho, para pedir una cita con dicho funcionario. La misma fue concedida y se realizó días después, con doce compañeros y el señor Andrade.

En dicha reunión, el señor Andrade fue enfático en explicarnos la razón de ser del Conservatorio: «Conservar la tradición de cultivar en los estudiantes su respeto por la Música

Clásica, generalmente europea, de manera exclusiva». Ante esta realidad, recién conocida e inaceptable, manifestamos nuestra preocupación. De manera particular, le expresé que no habría conformidad mientras exista una situación que, siendo respetable —la conservación de la «tradición» a cerca de la música clásica—, no justificaba la prohibición ejercida en la institución, ignorando la importancia de resaltar y cultivar nuestra cultura nacional. Dicho esto, se dio por terminada la reunión, con la recomendación de que no debemos insistir en algo que contradecía lo establecido desde el siglo pasado, cuando fue fundado el Conservatorio Nacional de Música, por el presidente García Moreno (1885).

El resultado de aquella reunión fue conocido por todos, inclusive por el personal docente, cuyos miembros no dudaron en tomar posición sobre el asunto. Como se trataba de un problema que se producía al interior de la Escuela de Música, debía ser tratado en Consejo Universitario; y, por ese motivo, conocimos la rivalidad que había entre dos bandos políticos que se disputaban, a la brava, el control de las asociaciones de estudiantes de las diferentes escuelas y facultades; tal como ocurría en la Escuela de Música, En ese contexto, nos enteramos de que los socialistas, del bando del rector de la Universidad Central, el Dr. Manuel Agustín Aguirre, habían perdido el control de la representación estudiantil del conservatorio ante el Consejo Universitario.

Para asegurarnos de que se hiciera constar nuestra ponencia en la agenda de dicho organismo, formamos una comisión de diez alumnos, de diferente antigüedad, con el beneplácito de la mayoría de docentes, algunos de ellos compositores reconocidos a nivel nacional e internacional. Con las debidas disculpas por alguna omisión involuntaria, cito a los maestros: Luis Humberto Salgado, Carlos Bonilla Chávez; y a otros que entonces estuvieron en el extranjero, Mesías Mayguashca, Gerardo Guevara Viteri, Enrique Espín Yépez, entre otros, quienes en su momento habían expresado su apoyo al proyecto que se gestaba con rapidez inusitada.

Nunca se consiguió que tal proyecto fuera discutido al interior del Consejo Universitario. Todo lo contrario: se conoció de la actitud reprochable del rector ya mencionado, cuyas frases «innombrables» no se citan por considerarlas ofensivas para quienes llegaren a conocer los pormenores de este asunto, que se transformó en una lucha histórica que valió la pena emprender, cuyo objetivo central fue conseguir que se institucionalizara la interpretación de música nacional, sin restricciones y con orgullo, al interior del Conservatorio.

Para mediados del Ciclo Lectivo del año 1967, el asunto se convertía en un «viaje sin retorno». Una vez conocida la impostura del señor rector, en una Asamblea General de estudiantes autoconvocada se formó un comité encargado de organizar una paralización general de actividades (huelga). El día y la hora de dicho acto, solo sería conocidos a través de un personero del comité. De esa forma se decidió dar inicio al primer acto de protesta el mismo día que se cerraron las puertas de la institución y se dio a conocer públicamente el motivo de la paralización o huelga de estudiantes.

El mismo día se supo que el rector de la Central había dispuesto el «desalojo» de los «revoltosos» con la intervención de la fuerza pública, hecho reprochable y sin precedentes que violentaba el estatus jurídico establecido para las universidades del país. Anticipándose al desalojo, ya se hizo presente la dirigencia de la Federación de Estudiantes Universitarios del Ecuador (FEUE), con su máximo dirigente, Milton Reyes, para organizar la resistencia y coadyuvar con nuestro objetivo; y para hacer frente a la arremetida «socialista», que no dudó en utilizar explosivos a través de la fuerza pública (policía) con el fin de amedrentarnos y desbaratar la paralización general que cada vez tomaba más fuerza, tanto a nivel interno y en el ámbito de la opinión pública.

Aunque la situación también se tornaba violenta por la actitud de los detractores, resistiendo incluso a los explosivos utilizados por la parte contraria, concluía la primera huelga, que duró quince días, con el compromiso de que nuestro problema sería tratado de forma inmediata. Así se iniciaba una relación fraternal e histórica con Milton Reyes, hasta su deceso ocurrido en 1972, a manos del Cuerpo de Seguridad Política, en tiempos del dictador Velasco.

UNA ACTITUD PREPOTENTE. UN DAÑO IRREPARABLE AL CONSERVATORIO NACIONAL Y UNA NUEVA PARALIZACIÓN DE ACTIVIDADES

Nos obligaron a radicalizar nuestra posición, no solo por el incumplimiento del acuerdo, sino por el cambio de rumbo del propio Conservatorio; además de la «lista negra» elaborada para futuras represalias. No podíamos creer que un grupo minoritario, carente de razones y movido únicamente por la rivalidad política, llegara tan lejos, al punto de arrancar prácticamente a la Escuela de Música, de la Universidad para entregarla a la dictadura, en contubernio con las autoridades dictatoriales, violando los derechos de toda la comunidad del Conservatorio a ser consultada o, al menos, informada. Así se pisotearon los derechos, con actos ilegítimos y sin precedentes. Desde entonces, el Conservatorio pasó a formar parte de las instituciones del Ministerio de Educación.

Ante los hechos consumados por los detentadores del poder, comprendimos que debemos practicar «de hecho» nuestras convicciones al interior del Conservatorio y evitar las sanciones planificadas desde el rectorado de la universidad. De esta manera, y para orgullo de quienes participamos en esa lucha, se institucionalizó la interpretación de la música nacional al interior del Conservatorio Nacional de Música.

X
ESTADO DE MI PROFESIONALIZACIÓN MUSICAL

Para el Ciclo Lectivo de 1968, ya terminaba mis estudios de Teoría Musical, piano, canto y contrabajo; con mi maestra de canto seguí vinculado a las actividades del Grupo Lírico, aunque lo de «universitario» resultaba ambiguo debido a la transición del Conservatorio hacia el Ministerio de Educación; sin embargo, hasta entonces no conocíamos ninguna resolución oficial.

En cuanto a mis estudios de contrabajo, concluía el pensum establecido para el instrumento, basado en un método alemán elegido por el maestro Carlos Bonilla, quien tuvo una deferencia digna de resaltar. Para iniciar mis estudios, el maestro sabía que yo carecía del instrumento y tramitó el permiso para que pudiera estudiar en un contrabajo del Conservatorio en mi domicilio, junto con un método (libro) de la institución, durante cuatro años consecutivos. Además, fue quien realizara una recomendación para que me tomaran en cuenta en la reorganización de la Orquesta Sinfónica Nacional.

Fue notable su actitud, que culminó con una plaza como cuarto contrabajo en la orquesta, previo al examen de rigor a cargo del director de la misma, quien era extranjero, pero debido al tiempo transcurrido me es imposible recordar su nombre. Pido disculpas. Obviamente, luego de la dinastía Bonilla —maestro Carlos, primero; Carlos Jr. segundo; otro hijo menor, tercero— acepté la cuarta plaza con un agradecimiento que provenía del fondo del corazón hacia mi maestro, quien me apadrinó hasta que abandoné la orquesta, luego de unos meses.

Mi salida se debió, en primer lugar, a mi consolidación como artista popular, con actividades múltiples, como el Grupo Lírico; y principalmente, a mi participación como integrante del «Grupo de Canción Popular», conformado por más de quince compañeros músicos, que surgió a raíz de los acontecimientos al interior del Conservatorio. Este grupo acompañaba a la FEUE en sus tareas de reivindicación social en los barrios marginales de Quito y en otras provincias. Asimismo, la actividad de la orquesta, con su trabajo bajo techo durante varias horas diarias, no concordaba con mi formación política ni con mi compromiso social, por lo que me retiré de forma respetuosa y cordial.

Fue destacada la participación de numerosos compañeros. Con profundo respeto hacia quienes no son nombrados en estas líneas —pues el tiempo borra hechos invaluables—, allí estuvieron de principio a fin: los hermanos Torres, especialmente Guillermo y Gladys; Ramiro Arciniegas; Germán Sánchez, compañero en varios episodios de mi vida, tanto en el Grupo Lírico como en dúo en varios actos exitosos, como la delegación de la Casa de la Cultura Ecuatoriana para el Festival Internacional de Música en El Oro, con el premio a la mejor representación; compañero en el proyecto de Música Popular y como integrante del Grupo Milton Reyes; además de muchos otros, los hermanos Carvajal y un grupo destacado de ambateños, firmes y convencidos de la validez de nuestras luchas.

Para 1968 tuve el honor de integrar el Magisterio Nacional, con un nombramiento como inspector profesor del Colegio Nacional Machachi, en la ciudad del mismo nombre, gracias a la intervención de mi respetada y apreciada Maestra Hilda Olguizer y a mi hoja de vida, que constaba en el archivo de la Dirección Provincial de Educación de Pichincha. Paralelamente, recibí una carta del Maestro Castelli, director de la Orquesta Sinfónica de Cuenca, en la que me invitaba a integrar dicha institución en calidad de instrumentista y maestro de contrabajo, explicándome las razones de la invitación tras conocer mi formación musical.

Ese proyecto no pudo concretarse debido a mis actividades artísticas y a mis proyecciones en la formación académica en la Universidad Central del Ecuador, radicada en Quito.

Además de mis obligaciones docentes, cumplía con mi compromiso relacionado con las actividades de la Federación de Estudiantes Universitarios y, a pesar de la represión dirigida personalmente, por el ministro profascista Durán Arcentales, quien logró disolver el Grupo de Música Popular formada tras las huelgas del Conservatorio.

XI
MI FORMACIÓN POLÍTICA, ARTÍSTICA Y MI COMPROMISO SOCIAL

Las adversidades narradas en líneas anteriores no lograron borrar los éxitos alcanzados con mi profesionalización musical, y me sentía realizado, hasta que apareció en mi vida un fenómeno desconocido: el hostigamiento por parte de la organización militar denominada Fuerza de Seguridad Política, adscrita al Ministerio de Defensa.

Iniciaba el año 1970 y ocurría mi primer arresto y traslado hacia el retén sur, ubicado en la avenida Maldonado, frente a la antigua e histórica estación del ferrocarril Eloy Alfaro. En aquella ocasión no hubo agresión física, pero sí la advertencia de que «debía pensar bien lo que estaba haciendo»; que tenían pruebas que formo parte de la FEUE, considerada «terrorista», «revolucionaria» y contraria a la «paz social». No tenían justificación ni orden de detención emitida por autoridad competente; en todo caso, esa detención arbitraria duró 48 horas, sin que entonces tuviera conciencia del real peligro que representaban esos cuerpos represivos, extendidos por todo el continente con actos sanguinarios durante décadas, dejando una huella de terror y muerte, atenuada únicamente por la resistencia de los pueblos hacia los años ochenta y noventa.

A inicios del 1971 sufrí la segunda detención, más alevosa y con sanción incluida: fui separado del Magisterio Nacional, por la sencilla razón de que formara parte de la Unión Nacional de Educadores (UNE) y porque, según ellos, dicha organización pertenecía al Partido Comunista Marxista Leninista del Ecuador (PCMLE). Luego supe —y pronto comprendí— que fuimos doscientos maestros cesados en sus cargos.

Este suceso tuvo como consecuencia la toma de la Panamericana Sur, que pasaba cerca de la ciudad de Machachi, con la intervención del Comité de Padres de Familia del colegio, y el Comité de Empresa de los Obreros de Tesalia, (obreros del agua de Güitig). Era el segundo día de mi detención y se presentó temprano, en la mañana, el mismo oficial de la milicia que conocí en mi primer arresto; para entonces ya tenía el rango de mayor. Llegó a explicarme el estado de la situación y se presentó con modales de cierto respeto, aunque algo nervioso, y me nombraba con la distinción de «licenciado», quizá porque no existía justificación para mi privación de libertad.

Me preguntó si sabía el motivo de mi detenido, a lo que le respondí que no recordaba haber faltado a ninguno de mis deberes como ciudadano, conocedor de mis derechos. «No, licenciado —me dijo—, usted tiene una larga trayectoria de miembro de la UNE (Unión Nacional de Educadores) y de la FEUE, y se le conoce como difusor de la música protesta, que está creando un problema en el orden público». Antes de escuchar mi réplica, intervino con estas palabras: «Tranquilo, usted pone orden en Machachi y se le levantan las sanciones». Pregunté cuáles sanciones, y me respondió que había sido separación de mi cargo junto a otros profesores «revoltosos».

Noté entonces un cambio en su semblante, como que necesitaba tener éxito en su «misión», que consistía en ponerme frente al propio dictador, quien me daría, personalmente «las instrucciones para terminar el conflicto». El oficial se retiró con la recomendación de que debía «colaborar» y añadió: «Eso es todo. Mañana lo acompañaré para que se cambie de ropa y luego nos trasladaremos al Palacio de Carondelet y se arreglará todo».

Al día siguiente, muy temprano, alrededor de las siete de la mañana, me trasladaron a mi cuarto de soltero, ubicado en La Loma Grande, calle Rocafuerte, sin preguntarme la dirección; así comprendí que conocían todas mis actividades. Me tomó unos cuarenta minutos bañarme y cambiarme de ropa adecuada para tan «especial evento». A las nueve en punto nos encontrábamos en el parqueadero del Palacio Presidencial, en las calles Chile y García Moreno, en compañía de tres miembros de la milicia, incluido el jefe del operativo.

De pronto estábamos en las puertas del Salón Amarillo. El oficial dijo en voz alta: «Aquí se encuentra el detenido». Se escuchó entonces, casi como un grito: «Háganlo pasar». Una vez en el interior del salón, al fondo se hallaba el dictador en su trono, con su semblante acostumbrado de mandón, y de inmediato pronunció: «Tiene veinticuatro horas para poner orden en Machachi».

Mi temperamento libertario, mi fortaleza y mi razón me hicieron hablar sin titubeos: «Señor presidente, he sido separado de mi cargo y no tengo nada que hacer en el problema de Machachi». El doctor Velasco profirió, casi a grito pelado: «Sáquenle a este majadero». Fui liberado en la misma Plaza Grande. En ese momento empezaba otro capítulo con la UNE, para exigir la restitución de los cargos a los maestros injustamente sancionados.

En el fragor de esas luchas surgió una pequeña composición musical denominada *Vanguardia del Magisterio*, cuyo texto dice:

A

«Construyendo vanguardia adelante,
emprendiendo hacia un nuevo horizonte,
educado para liberar nuestro pueblo,

El maestro se une a luchar (bis) educando...»
B
«Con firmeza hasta alcanzar el triunfo,
unidos todos por un ideal,
su mente clara, su brazo erguido,
El maestro se une a luchar (bis)... su mente clara...»
(Se repite A y B hasta el fin)
(1972)

La UNE fue una organización clasista, disciplinada, solidaria y contestataria radical, con cuyas características consiguió la reivindicación de los doscientos maestros separados de sus cargos, luego de aproximadamente un año de luchas constantes. Sin embargo, el precio fue alto, con el asesinato de las compañeras maestras, Rosita Paredes Jumbo y Consuelo Benavides Cevallos. En el primer caso fui interprete de una obra musical en su honor; en el segundo participé en la reparación económica que tuvo que asumir el Estado como responsable de su deceso a manos de un miembro de la milicia, en mi calidad de abogado, cuya titulación obtuve en los años ochenta.

Nunca más volví al Colegio Nacional Machachi, allí se quedaron mis amistades, mis valiosos compañeros y mis queridos alumnos, toda una comunidad que me brindó su apoyo y solidaridad, hasta el límite.

En esa experiencia comprendí que la forma como se había diseñado la educación musical a nivel oficial era un desperdicio de tiempo y recursos- En algunos casos se había dispuesto que cada curso y grado reciba una «hora» semanal de la materia, que en realidad eran cuarenta minutos, en la misma aula en la que se impartían las demás asignaturas. En esas condiciones no se podía concretar ningún objetivo beneficioso para los estudiantes.

Por este motivo empecé a buscar alguna institución donde se propiciara otra forma de trabajo, como la formación de una orquesta juvenil o un grupo coral. En ese intento me informé de que el Colegio Normalista Manuela Cañizares, había convocado a un concurso de méritos y oposición para formar un coro juvenil. Corría el año 1971 y esa noticia fue como un rayo de luz para mis anhelos.

Luego de mi inscripción, llegó el día en el cual los maestros postulantes debíamos presentar el plan de trabajo y realizar una demostración práctica con las señoritas estudiantes. En un momento de mucha emoción, la señora rectora anunció que dos maestros habían sido seleccionados: Medardo Luzuriaga y Salomón Poveda. Acto seguido se produjo un hecho inesperado: don Medardo Luzuriaga depuso su candidatura con una explicación inolvidable. Dijo que tenía dos motivos: el primero, que no disponía del tiempo requerido; y el segundo, que «el proyecto está en buenas manos», reconociendo públicamente mi formación profesional.

Dejo constancia del aprecio demostrado, en varias ocasiones, por el maestro Luzuriaga, por hacerme partícipe como interprete solista del Himno Nacional en los actos solemnes del Normal Juan Montalvo donde él formaba parte del personal docente. Luego de mis agradecimientos a las autoridades por acoger su postura y al propio maestro por su gesto digno de reconocimiento; se inició el programa establecido previamente por las autoridades del plantel.

En el lapso de cuatro horas se debía realizar, primero, la selección de las alumnas más cualificadas entre un centenar de aspirantes; y luego, la ubicación en al menos tres grupos según el tipo de voz o tesitura, para obtener la armonización necesaria en este tipo de trabajos con voces juveniles. El plan estructurado para el proyecto culminó con éxito, con un grupo de cuarenta señorías estudiantes, aplicando una obra latinoamericana, titulada *Dos Palomitas*, con un arreglo personal, para tres voces. Se cumplió el objetivo satisfactoriamente dentro del tiempo previsto, gracias al interés por el proyecto, manifestado por las coristas juveniles, a través de sus esfuerzos para asimilar un trabajo que experimentaban por vez primera.

Las autoridades del Consejo Directivo, con la señora rectora a la cabeza, no dudaron en expresar sus felicitaciones tanto al director como a las señoritas estudiantes. Días después estuvo previsto que se cumpliera el protocolo de enviar mi hoja de vida al Ministerio de Educación para solicitar el correspondiente nombramiento por parte de la subsecretaria de la institución.

Lo ocurrido luego me conmovió profundamente, especialmente por la frustración de las señoritas aspirantes. En lo personal, ya estaba acostumbrado a los golpes selectivos de la dictadura; el propio general Durán Arcentales actuó nuevamente de forma directa para impedir que ese nombramiento se materialice, porque beneficiaría a un maestro «sancionado». De esa triste manera, nunca formé parte del afamado Normal Manuela Cañizares.

El control sobre mis actividades por los agentes de Seguridad Política se volvió más evidente y agresivo. En 1971 cumplí mi segundo arresto injustificado en el Retén Sur de la calle Maldonado. El mismo oficial que encabezó el arresto anterior se presentó al día siguiente para recriminarme sobre mis actividades artísticas en actos organizados por la FEUE. Fueron contundentes sus palabras: «Lo que hace usted, licenciado, es muy peligroso; estamos al tanto de sus actividades, que rayan en el delito, como la toma de tierras con el llamado del ilegal Comité del Pueblo, al norte de Quito, además de los actos subversivos en todo el país junto a la FEUE. Recuerde que cumplo órdenes, y lo que pueda pasar con su seguridad y la de sus camaradas es su problema».

Mencionó también la detención —prácticamente un secuestro— de un bus de la Universidad Central en la ciudad de Quevedo, en el que se movilizaban varios artistas y compañeros dirigentes de la FEUE. En esa unidad de transporte, que fue tomada sin ninguna formalidad, es decir, sin razón sin orden de autoridad competente, con una veintena de estudiantes, estuvo mi hermano Edmundo Poveda, con quien tenemos un parecido físico. Sufrió agresiones físicas muy alevosas por un miembro del grupo que capturó dicho automotor. El oficial pidió disculpas por la confusión y explicó que habían tomado «medidas» al respecto, y ordenó mi liberación.

Ese episodio marcó la separación de mi hermano, con quien vivía en Quito mientras él cursaba el cuarto año de bachillerato en el Colegio Nacional Montúfar. Me sentí obligado a planificar mis actividades de manera que diera la impresión de haber abandonado mis proyectos sociales y políticos. Me enrolé en una orquesta de baile, denominada Los Iberos, conformada por compañeros del Conservatorio de Música. Fue una experiencia que duró dos años en un ambiente de mucha confraternidad y solidaridad, porque sabían el motivo de mi llegada.

Para 1972 ocurrieron actos violentos y atentatorios contra los derechos fundamentales, como el derecho a la vida, por parte de la dictadura de Velasco. Arremetieron contra varios dirigentes populares, que terminó con el asesinato de Milton Reyes, admirado por su entrega en favor de los sectores explotados y desposeídos de la sociedad; por sus convicciones políticas y su oposición radical al Plan Cóndor, que se desarrollaba en toda América Latina en manos de las dictaduras, impuesto desde otras latitudes imperiales con el fin de erradicar la «subversión» y lograr el saqueo de los recursos naturales; sin dificultades, a precios irrisorios y, en algunos casos, con solo sobornar a los generales de turno. En esa tenebrosa y criminal tarea, también ocurrieron posibles magnicidios selectivos, olvidados y sin resolver, como es el caso del presidente Torrijos en Panamá, Jaime Roldós Aguilera en Ecuador y otros hechos que no han podido ser desmentidos por ningún detractor.

Con Milton tuve una relación fraternal desde 1965, cuando apoyó las luchas llevadas a cabo en el Conservatorio Nacional de Música con el propósito de instaurar nuestra cultura musical nacional en la institución; hecho que tuvo una exitosa respuesta por la comunidad en general. Milton fue quien propició todos mis éxitos posteriores en la Universidad Central.

Tras su muerte, formamos un cuarteto con Germán Sánchez —compañero del Conservatorio y otras incontables vicisitudes— y dos dirigentes universitarios, Leoncio Andrade y Oswaldo Salazar, al grupo lo denominamos Milton Reyes, en homenaje a nuestro querido compañero. El grupo tuvo una corta trayectoria debido a la persecución de la dictadura, basta mencionar un hecho para comprender la magnitud del problema, la edición discográfica que intentamos en IFESA de Guayaquil. Mientras grabábamos de *La Internacional Socialista*: «Arriba los pobres del mundo, de pie los esclavos sin pan...», los personeros de dicha empresa recibieron las órdenes expresas del renombrado general. Durán Arcentales, miembro prominente de la dictadura imperante, para que suspendan de forma inmediata y definitiva la actividad de ese grupo subversivo en IFESA, caso contrario, que se atengan a las consecuencias.

Luego, no solo que se suspendió la grabación, sino que se disolvió el grupo y, como consecuencia, mis actividades tuvieron que realizarse en solitario, hasta que se produjo la tercera detención. Una noche cualquiera de 1972, a eso de las 20:30 h: esta sí, extremadamente agresiva. Atado de pies y manos, fui arrojado al balde de una camioneta, vendado los ojos, con un aditamento en las vendas que producían una presión difícil de explicar, pero tan eficaces las torturas que, en el lapso de tres segundos, aproximadamente, ya no sabías ni tu nombre, debido al dolor tan intenso, que producían esas vendas. En esas condiciones y por unos caminos escabrosos, el viaje duró unos cuarenta minutos, desde la calle Rocafuerte, cercana a mi residencia, en la Loma Grande, hasta el pueblito de Llano Grande, al norte de Quito, donde fui desembarcado y tirado en el piso, hasta que pude recobrar algo de visión, luego de que unos sujetos retiraran las vendas y me desataran pies y manos. Luego de unos momentos, me di cuenta que se trataba del lugar donde Milton tenía su precaria casa de refugio o de «seguridad», misma en la que pernoctamos, un par de ocasiones, tiempos atrás.

Se presentó el mismo oficial al que conocía de siempre, el mismo de las «advertencias» anteriores, o «cuasi órdenes». Me tomó del brazo derecho para incorporarme y me llevó hasta una fosa de un metro y medio de profundidad, más o menos. Por primera vez sentí una sensación nunca antes experimentada; pensé que se trataba del final de mis días. Me ordenó que me internara en esa fosa y luego me interrogó: «¿Dónde están las armas?». Sacando fuerzas de flaquezas, le respondí de la forma que antes ya había ocurrido: usted sabe que es imposible que le pueda contestar satisfactoriamente, que él sabía todo cuanto necesitaba saber. «Me refiero a las demás armas, porque una parte se encuentran aquí», inquirió. Entonces ordenó a unos dos sujetos que le acompañaban a que sacaran las armas del interior de la fosa donde me encontraba. Efectivamente, me empujaron para hacer espacio y sacaron nueve carabinas, en mal estado. Recordé de inmediato que esas armas fueron las que dejaron forzosamente unos veinte gendarmes de la caballería de la Policía Nacional, que permanecían en un callejón existente en la parte posterior de la Facultad de Filosofía de la Universidad Central, con la consigna de impedir que los estudiantes salgan en manifestación, como era usual en esos tiempos. Ese episodio fue de mi conocimiento hasta que, animales y bestias, salieran en estampida luego del fuego de las bombas «molotov» arrojadas por los universitarios. Esa noche, como a las 23 h, recogieron las nueve carabinas que quedaron en el piso, luego de dicha huida; no supe más de las armas.

El oficial de Seguridad Política, que formaba parte de la milicia del Estado, es decir, una rama del Ejército, hizo una larga pausa, como de reflexión, como quien piensa: ¿y ahora qué hago con este señor? Volvió en sí y, como si me perdonara la vida, me gritó: «Usted, por necio, tiene los días contados; no me entiende que cumplo órdenes». «Nos largamos de aquí; recuerden que este caso está cerrado», les dijo a sus subalternos. No puedo olvidar el rostro de susto de María, campesina que le ayudaba a Milton con alimentos y el aseo de su ropa; creo que su breve y asustada presencia en el acto me salvó la vida. María me invitó a su humilde hogar, ubicado a pocos metros del lugar lleno de amor y solidaridad. Luego de brindarme un cafecito caliente, rompió en llanto por lo acontecido con Milton y por mi situación, que casi termina en tragedia, y en medio de su dolor decía: «Lo que andaste diciendo no han de matar; lo que andaste haciendo no han de matar», recordando al camarada asesinado. Esas licencias idiomáticas de esa bella anciana, constan en un pequeño homenaje musical en honor al héroe que entregó su vida por sus ideales.

Canción a Milton Reyes

(A)
En su entraña la tierra,
con tanta dignidad
te recibió cantando,
semilla de abril;
te recibió cantando,
semilla de abril.

(B)
De sangre es el retoño
que ha florecido,
color de la bandera
del que ha sufrido.
Lo que «andaste» haciendo
no lo han de matar;
lo que «andaste» haciendo
no lo han de matar;
lo que «andaste» haciendo
no lo han de matar;

(C)
Milton Reyes, un hombre,
un monte, un grito;
no podrán con el día
que ha amanecido;
no podrán con el día
que ha amanecido.

XII
EL NORMAL «CARLOS ZAMBRANO OREJUELA»: FORMACIÓN Y EXPERIENCIA DE VIDA 1972-1988

Un hito en esta historia, constituye mi retorno al Magisterio Nacional, por constituir el lugar impensado donde pude impartir mis conocimientos y, a la vez, forjar mi formación como Maestro: el Normal «Carlos Zambrano Orejuela» de Huyumbicho. Los autores de este hecho sin precedentes fueron mis amigos y compañeros Mario Leguízamo, Nelson León y Lipita Vicuña; incluido aquel personaje inolvidable, rector de la institución, don Lauro Toscano Saona, quienes, burlando las pretensiones del régimen dictatorial, hicieron realidad mi nombramiento, que duró desde 1972 hasta 1988, con un intervalo de cuatro años, de 1982 hasta 1986, en cuyo lapso trabajé en el Colegio de América de Quito a tiempo completo, pero a disgusto del maestro Lauro Toscano y de todo el grupo fraternal del que formé parte en el Zambrano.

Mi experiencia en dicha institución fue maravillosa y singular a la vez, porque tenía como alumnos a varios maestros con más años que los míos, y eran aquellos que venían a completar sus carreras de maestros, mismas que en tiempos anteriores tenían una duración de cuatro años; esa circunstancia fue muy provechosa a la hora de elaborar planes de clases y de otra índole, con personas de mucha experiencia. Las comodidades que brindaba el Normal fueron extraordinarias: transporte, alimentación para todo el personal docente y vivienda para una parte del personal administrativo que lo requería. Fui miembro permanente de Consejo Directivo, recibí el honroso encargo para componer la música del Himno al Colegio y, con una deferencia especial, hasta fui rector encargado del mismo.

El normal de Huyumbicho, contaba con un sistema autosustentable, implementado para albergar satisfactoriamente a los estudiantes procedentes de varias provincias del país; como ejemplo, cito dos estudiantes llegadas desde las islas del archipiélago de Galápagos. Entre sus activos contaba con una hacienda de varias decenas de hectáreas, en la cual se cultivaban variedad de cereales, maíz, hortalizas y otros productos para la alimentación de aquellos internos que se encargaban de los cultivos, cuidado del ganado vacuno, porcino y aves de corral, y de la preparación de alimentos. Al respecto, los alumnos gozaban de las comodidades necesarias para su subsistencia: alimentación, vivienda e infraestructura para la dotación de agua potable y energía eléctrica. La convivencia entre estudiantes tenía componentes que contribuían a su crecimiento personal, por todo lo que debían realizar con independencia, organización, respeto y solidaridad. Por todo el tiempo que duró esa felicidad no se observó ningún conflicto insuperable, hasta que se truncó toda esa estructura que no solo servía para su profesionalización como maestros, sino que servía para su formación en lo que se denominan «valores», como su autoestima, la honradez, la lealtad y el respeto al derecho ajeno, etc., y destrezas que no tenían en ningún otro centro de estudios.

SE TRUNCA EL SUEÑO DE LOS NORMALISTAS

Ocurrió con la acción insólita de la dictadura de Guillermo Rodríguez, que formaba parte de la «Operación Cóndor», relacionada con aniquilación de movimientos políticos populares, de izquierdas y, con ello, la creación de un ambiente propicio para la explotación de minerales y, principalmente, el petróleo. Esta estrategia, implementada desde las esferas externas imperiales, obligó al cierre de los normales de todo el país, transformándolos en colegios de educación media. La hacienda del Normal de Uyumbicho fue donada a la Facultad de Agricultura de la Universidad Central por la misma dictadura.

Las acciones de los directivos del Colegio Carlos Zambrano no se hicieron esperar, y nos trasladamos a una escuelita fiscal del sur de Quito, mientras gestionábamos la construcción de un edificio propio en una parte del predio perteneciente a lo que fue el Normal Juan Montalvo de Quito.

Luego de un análisis de los acontecimientos y, de manera puntual, del acoso de los agentes de Seguridad Política, que dieron mensajes tan violentos con el asesinato del líder popular Milton Reyes y los crímenes que enlutaron a Latinoamérica —dígase como ejemplo lo que ocurría en Chile, con hechos ominosos con cientos de muertes violentas, de ejecuciones públicas, torturas, desapariciones y expatriaciones; en Uruguay; en Argentina, con secuestros de infantes que no acaban de recuperar las Abuelas de la Plaza de Mayo—, me sentí obligado a enrolarme como bajista en una orquesta de Quito que atendía compromisos sociales de diversión, con compañeros y amigos cercanos desde el Conservatorio de Música. El grupo se denominaba Los Iberos y tuvo éxitos notables debido a su conformación, con músicos profesionales, a quienes los nombro con fraternal afecto: a su director, Carlos Pacheco; al guitarrista Klever Castellanos, chelista de la Orquesta Sinfónica Nacional; a nuestro querido cantante Julio Mora; a don Manuelito, saxofonista y miembro de la Banda Municipal de Quito, a Carlos Bustamante, nuestro percusionista y trombonista; y a otro Carlos, también percusionista.

En esa actividad tuve la oportunidad de trabajar en el mismo espectáculo, en la ciudad de Ambato, con las orquestas de Caracas: los Billos Caracas Boys, los Melódicos y la popular Claudia de Colombia, por dos ocasiones consecutivas, en las famosas fiestas de las Flores y las Frutas. Con los integrantes de dichas orquestas disfruté de momentos de amistad y confraternidad inolvidables, especialmente con la invitación a interpretar con ellos un bolero de moda en esos tiempos: «Dónde estás, corazón, no oigo tu palpitar...». Dicha actividad duró dos años, desde finales de 1972 al 1974. En forma paralela; cumplía mis compromisos artísticos y políticos, de manera clandestina y muy planificada, cuando se trataba de compromisos fuera de la ciudad, viajaba en transportes diferentes, hasta que asumimos, entre varios compañeros, la responsabilidad de crear del Centro de Arte Nacional, con el objeto de contar con un lugar para el desarrollo de artistas populares de diferentes disciplinas, como las artes plásticas, poéticas y musicales; el Movimiento Cultural Noviembre 15 y, en forma particular, por estar bajo mi responsabilidad, la formación del Grupo Musical Noviembre 15.

En estas tareas se destacó el liderazgo de Rafael Larrea, principalmente en compañía de muchos otros compañeros artistas, como Alfonso Murriágui, Alfonso Chávez, Augusto Dueñas, Francisco Borja, Aurora Almeida, Enrique Madriñán, Rocío Madriñán, la doctora. Teresa Irazábal, Javier Ponce, Dolores Padilla, entre muchos otros. La citada fecha tuvo siempre un gran significado en nuestra formación como personas con compromiso social: se trata de rendir homenaje a los caídos en 1922, a manos del dictador Tamayo, en la ciudad de Guayaquil, en el primer levantamiento de obreros, artesanos y pueblo empobrecido, para exigir mejores condiciones de vida y el reconocimiento de salarios justos, negados por las élites porteñas y de todo el país. Esa masacre de innúmeros luchadores sirvió de inspiración para que el poeta Gallegos Lara escribiera su obra emblemática *Las cruces sobre el agua*. No se sabe hasta qué año los guayaquileños depositaban cruces sobre el estero Salado, hacia donde habían sido lanzados los sacrificados por el ejército fascista de Tamayo.

El año de 1974 también es de grata recordación porque terminaba mi retrasado bachillerato, en medio de muchas dificultades: el trabajo en el Magisterio Nacional y las actividades artísticas, que fueron múltiples, debido a que con mucha frecuencia se requería la presencia de Noviembre 15 en conflictos de toda índole: contradicciones al interior de las universidades, tomas de tierras por parte de los campesinos que reivindicaban sus derechos a la tierra, huelgas de obreros, etc. Mi educación media la realicé en el Colegio Nacional Nocturno Rumiñahui de Quito. Para entonces, mi vivienda se ubicaba en Uyumbicho; fue dotación de la administración del Normal Carlos Zambrano, por ejercer el cargo de inspector profesor. La llegada al Normal, a eso de las 23 h, luego de las actividades colegiales, transitando por un camino de a pie, con una inclinación muy pronunciada, casi una pendiente, en los inviernos se tornaba en una verdadera proeza: el descenso por ese «chaquiñán», la oscuridad de la noche y el lodazal obligaban a ingresar a la ducha, con la vestimenta completa. Esta penuria se aliviaba con la invitación para compartir un «caldito» de gallina por parte del señor Armando Montalvo, inspector general del Normal, quien trasnochaba acompañado de sus pupilos de sexto año, con quienes preparaban alimentos para atenuar el frío y el hambre.

XIII
FUNDACIÓN Y PRÁCTICA CON EL GRUPO DE CANCIÓN POPULAR NOVIEMBRE 15 UNA EXPERIENCIA INOLVIDABLE

En el año de 1973 se inicia su estructuración y práctica con cinco integrantes: Agustín Ramón, Augusto Dueñas, Antonio Almeida, Guillermo Ramírez y Salomón Poveda. Tomé la responsabilidad de la formación musical, armonización del repertorio y logística para las presentaciones; excepción hecha con Agustín Ramón Sanmartín, quien se dedicó de lleno a su autoformación musical hasta alcanzar niveles destacados en este campo y fue un pilar fundamental en el grupo. El repertorio, en su etapa inicial, fue la música nacional y las obras que apoyaron las luchas antifranquistas en España, es decir, en la Guerra Civil; para entonces ya se desarrollaba un movimiento artístico contestatario en Latinoamérica, muy intenso en Chile, Argentina, Uruguay, Brasil, entre otros.

Se debe destacar el control que ejercían las dictaduras de turno, sobre la difusión de obras literarias, discográficas y todo cuanto «perturbe el orden constituido»; todas las relaciones interculturales a nivel internacional, en particular, había que realizar en forma clandestina. De esta forma obtuvimos el apoyo de varias organizaciones artísticas y políticas que nos proporcionaron todo el repertorio de la actualidad, de Víctor Jara, Inti-Illimani, Quilapayún, Atahualpa Yupanqui, Horacio Guaraní, Hermanos Parra, y un gesto de hermandad muy particular de

Paco Ibáñez, con sus *Palabras para Julia*, musicalizado, editado y difundido a nivel mundial ese poema de Goytisolo, que interpreto hasta el día de hoy.

La odisea para tener a nuestra disposición ese legado musical de una docena de casetes y una veintena de discos de larga duración (L. P.), con todo el repertorio revolucionario producido hasta entonces. Esto ocurrió luego de un sacrificado viaje de cuatro días con sus noches, desde Aguas Verdes, límite con el Perú, hasta Cochabamba, en un camión que contaba con un espacio camuflado debajo de un cargamento de aves, entre pollos y gallinas. No se podía ni debía tener informaciones específicas por razones de seguridad; todo fue limitado a través de señales, por ejemplo, esquina nororiental de la plaza principal de Cochabamba, la vestimenta del contacto, y eso era suficiente: ya me guiaba de forma cordial y fraterna hasta la casa, un poco alejada del centro poblado. Recuerdo sus calles estrechas, sus casas bajitas con una sola puerta y una ventana pequeña para guarecerse del frío intenso, característico de la región, con pocas excepciones, claro, diferentes a las casas de algunos criollos ricos.

Una vez en el destino, todo se tornaba en algarabía: hasta ese momento, el tesoro era nuestro aunque el futuro era incierto, porque había muchos controles militares y de aduana. Sin embargo, los comerciantes conocían los «trucos» para evadirlos; uno de esos consistía en elegir las horas de madrugada, generalmente, elegir las 3 y las 4 a. m. Además de elegir el medio de transporte, los camiones tenían sitios insospechados para camuflar algunas mercancías, equipajes y paquetes que no levantaban sospechas.

Luego de un día de festejo, anécdotas, intercambio de experiencias y charlas amenas que no dejaban sino tiempo para tomar alimentos y uno que otro pisco, llegaba el momento de embarcarse en un camión elegido por los anfitriones: tres jóvenes convencidos de su misión social y política, hijos legítimos de una Bolivia repleta de riquezas, pero empobrecida a propósito; con carencia de educación, de medicina, de infraestructura y con un enorme territorio improductivo en poder de pocos terratenientes criollos, es decir, una réplica de toda Latinoamérica. Así empezaba cuatro largos días de viaje hasta Aguas Verdes, límite sur del Perú con Ecuador.

El material obtenido en aquel viaje, tuvo una connotación excepcional, no solo por su contenido, sino por la forma con la que llegó a nuestro poder, de parte de los camaradas artistas que nos obsequiaron confiando en nuestra honestidad y en el quehacer político, en defensa de los intereses superiores de nuestro pueblo.

En cuanto se conoció de la existencia del Grupo Noviembre 15, empezaron los compromisos con todas las organizaciones sociales. Proyectos de vivienda que iniciaban con tomas de tierras urbanas improductivas, de propiedad de criollos ricos que se habían aprovechado de coyunturas políticas desde tiempos de la conquista española. Luego de largas luchas de pueblos sin vivienda y campesinos migrantes, que debían lidiar con el odio racial y la fuerza pública, que siempre estuvo a disposición de los terratenientes, se llegaban a consensos obligados, con precios producidos por la resistencia; en esos actos por conseguir objetivos lícitos y necesarios, participaba el Noviembre 15.

Las experiencias más notables, en razón del carácter organizativo y de contradicciones de clases sociales, fueron las huelgas en las fábricas. De aquellas puedo citar unas pocas: Hilaturas Andinas, Tabacalera Tanasa, Chillo Jijón. Esta última fue quizá la más antigua, con una trayectoria de decenas de años, iniciada con fuerza laboral gratuita, en condiciones de esclavitud, concediéndoles a los trabajadores recursos ínfimos que apenas les alcanzaba para sobrevivir. Este régimen de miseria habría durado cinco siglos aproximadamente, desde la conquista española (1450) hasta el siglo XIX, en el que se desarrollan las contradicciones entre explotados y explotadores a nivel mundial, con acontecimientos vinculantes relacionados con la Revolución Industrial y la resistencia organizada de movimientos obreros exigiendo derechos negados por el poder liberal y clerical de carácter feudal, hasta que, por fin, llegó el tiempo de hacer respetar los derechos de los trabajadores, formalizado con el Código del Trabajo, con tablas salariales y demás beneficios; se debe destacar la labor de los compañeros políticos, inscritos en las luchas populares.

Se torna emocionante recordar la reacción de los obreros al escuchar *A la Huelga*, obra producida en el fragor de la Guerra Civil española:

A la huelga compañeros,
No vayáis a trabajar;
dejad quieta la herramienta,
que es la hora de luchar.
A la huelga diez, a la huelga cien,
a la huelga, madre, yo voy también;
a la huelga cien, a la huelga mil,
yo por ellos, madre, y ellos por mí.[6]

Esta actividad, junto al pueblo desposeído, le dio una característica muy particular y el grupo se ganó el respeto y cariño de aquellos sectores explotados con los que se solidarizó de forma incondicional. Para esos tiempos, y debido a la resistencia de los pueblos organizados en contra de la tiranía de las dictaduras,

---

6 Obra creada en homenaje a los obreros españoles.

había cesado en algo la persecución política. En lo personal, me dediqué de lleno a las tareas del Noviembre 15, cuyas estadísticas realizadas por compañeros del Centro de Arte Nacional daban cuenta del accionar del grupo, con tres y hasta cuatro presentaciones por día, a nivel local y nacional.

En relación con este trabajo que marcó mi vida y mi forma de pensar sobre los explotados y explotadores, y la importancia del respeto y difusión de la música nacional, se publicó una entrevista en el periódico Opinión de Quito, realizada por el destacado periodista y miembro cofundador del Centro de Arte Nacional, don Alfonso Murriágui, con el título «Salomón Poveda y la canción protesta» (11 de diciembre de 2007). Aquel relato se remonta a mis primeros actos en el Conservatorio Nacional de Música desde el año de 1965. Tengo a bien transcribir su introducción como un gesto de fraternal reconocimiento:

> «Se cumple 30 años de la aparición del grupo musical Noviembre 15, un referente de la canción protesta en el Ecuador».
>
> Opinión. Conversó con Salomón Poveda, uno de sus fundadores.
>
> «Estoy con salomón Poveda en su estudio jurídico. Él es ahora un prestigioso abogado, pero desde hace treinta años es músico de profesión; fue integrante del Grupo Noviembre 15 del Centro de Arte Nacional, que en los años 70 y 80 desplegó una intensa labor cultural para rescatar y desarrollar la cultura nacional, entonces como hoy agredida por las corrientes extranjerizantes y la colonización cultural del imperio del norte».

Para el año de 1977 nos propusimos editar el repertorio del grupo con obras de los miembros del Centro de Arte Nacional. Para ese fin nos alojamos en la Universidad de Guayaquil un par de semanas, por gestión de los compañeros de la FEUE Guayas. Por fin se concretaba en una obra el trabajo tesonero de un lapso de cinco años. Esa experiencia era nueva para todos los compañeros artistas del grupo, de modo que en el estudio de grabación y edición discográfica IFESA de Guayaquil, dejamos nuestros mejores esfuerzos.

El disco L. P., con doce obras de: Agustín Ramón (*Burrito de capulí*); Juan Ruáles (*Canción de mi pueblo, Túpac Amaru, Canción de las penas, Compadrito* y *Rosita Paredes*); Salomón Poveda (*Ullary, Trabajadores, Simiátug* y *Canción a Milton Reyes*); Rafael Larrea (*Samba de la vida*); Milton Estévez, musicalización del poema a los *Guerrilleros de Araguaia*; y el emblema del grupo *A la Huelga*, obra dedicada a los trabajadores en la Guerra Civil española, de autor anónimo.

Las tres mil unidades de la producción resultaron insuficiente debido a la demanda que tuvo ese trabajo; luego se solucionó con copias en CD. Además del éxito interno, obtuvimos felicitaciones y elogiosos comentarios de organizaciones fraternas del extranjero.

XIV
ACCIONES PARADÓGICAS Y DESVINCULACIÓN TEMPORAL DE LAS TAREAS ARTÍSTICAS Y POLÍTICAS EN EL CENTRO DE ARTE NACIONAL 1979

En forma desproporcionada y alejada de la realidad en la que se desarrolló el Noviembre 15, ocurrió lo impensable: una crítica desfavorable al interior del grupo por una supuesta actuación «destacada» en la edición del disco, *Canto para Días Mejores*, no se respetó un proceso a nivel orgánico establecido para realizar evaluaciones o críticas sobre el cumplimiento de tareas que se desarrollaban con objetivos claros; al respecto, el grupo realizó una labor intensa, sostenida, disciplinada y, sobre todo, comprometida, con recursos personales, por el lapso de cinco años, digna de reconocerse; en lo personal, ya venía de ser humillado, sancionado, encarcelado (tres veces) por las dictaduras fascistas de Velasco y Durán Arcentales y compañía; y, algo aún más doloroso, haber perdido a un hermano tan cercano y querido, Milton Reyes (1972), y a las compañeras maestras: Rosita Paredes Jumbo y Consuelo Benavides Cevallos. Como nunca publicité mis desdichas, no se dieron cuenta de que venía con la insignia de «Sobreviviente del Plan Cóndor»; en esas circunstancias.. Con respeto, pero en forma contundente, respondí con hechos a la forma desleal de actuar en ausencia y desconociendo un trabajo importante que se hallaba en proceso. Mi ausencia fue temporal.

Durante mi ausencia realizaron la edición de una cantata, con la participación de algunos artistas profesionales como los maestros. Gustavo Lovato y Julián Pontón, quienes se quedaron para conformar el nuevo Noviembre 15; luego se incorporaron los compañeros Manuel Contreras y Jaime Guillén. Conocí de la participación de los maestros Terry Pazmiño, Pepe Jaramillo, y otros profesionales en la realización de dicha cantata *Noviembre 15*.

Corría el tiempo y se producían hechos concretos relacionados con mi opinión sobre las tareas incumplidas y el giro que se notaba en el ámbito político. Cierto día recibí la invitación a un acto político importante, como si se tratara de una persona «particular»; ese acto subliminal me hizo entender que, si bien no se tomaron medidas drásticas como en otros casos, ya habían decidido tratarme como un «amigo». Ese gesto se producía tras el alejamiento voluntario y otras veces forzoso de innúmeros compañeros de lucha.

Para 1980, mi situación personal tomaba otros rumbos, nunca alejados de los valores como el compromiso social y la denuncia de los actos de sometimiento a los poderes fácticos de la potencia extranjera que se inmiscuía en todos los ámbitos de la vida social y política del país.

Un acto de singular importancia constituye el compromiso de vida iniciado en esos tiempos con mi amada esposa, María Teresa Herrera Jaramillo, «Mry Cruz», a quien le gusta llamarse de manera tradicional, de Poveda, con quien procreamos dos preciosos hijos: Oscar Andrés y Santos David. Cumplimos con nuestro deber de padres y construimos, entre todos, nuestro propio camino en la vida.

Luego de un lapso aproximado de diez años fui invitado a dirigir el grupo Noviembre 15 y tuvimos la oportunidad de realizar importantes recitales en varios escenarios de la ciudad. Como un hecho coyuntural, por el cargo de ministro de Defensa del apreciado compañero Javier Ponce, realizamos presentaciones en varios repartos militares, en Tulcán y Sucumbíos; con un hecho anecdótico referido a la participación de algunos oficiales de rangos medios que acompañaron al grupo, interpretando su repertorio. Luego realizamos algunos actos en solidaridad de perseguidos políticos como el asambleísta Klever Jiménez y su asesor de entonces, Fernando Villavicencio, que acabó siendo eliminado (09-23, calle Gaspar de Villarruel, excoliseo del Anderson) por oscuros fines y por enemigos de verdaderos postulados patrióticos, declarados en su calidad de candidato a la Presidencia de la República.

Luego de algunos actos en la Casa de la Cultura, Núcleo Pichincha. En una de aquellas tuve la oportunidad de estrenar una obra personal, titulada *Ni pita mana manchani.*[7] El título de esta obra tiene como antecedentes mis vivencias como parte de los habitantes de mi pueblo natal, Simiátug; y los actos que realizaban los indígenas cada miércoles al finalizar la feria. Una veintena de jinetes entraba desde el norte en forma violenta y coreando su consigna «Ni pita mana manchani». Pasados los años entendí que se trataba de la toma simbólica de la plaza central; al fin de cuentas, no olvidaron que fueron desplazados por la fuerza por los conquistadores de sus tierras ancestrales y obligados a refugiarse en lo más recóndito de la Cordillera Central. De hecho, se conoció un lugar emblemático a donde nunca llegaron, ni siquiera el alguacil: se llamaba Laygua, a más de 4000 m sobre el nivel del mar. Ese acto de la cabalgata

7 No tengo temor de nada.

semanal, más el conocimiento de la barbarie de los españoles por imponer a sangre y fuego su cultura, su religión y su idioma, y someter a los que no pudieron escapar, tuvo mucha significación a la hora de rendir, aunque fuera un pequeño homenaje a los rebeldes indígenas como Fernando Daquilema, joven de veinte años, más o menos; como Cecilio Taday, y el gran general Rumiñahui, entre miles de sacrificados, abatidos bestialmente por los criollos detentadores del poder y proespañoles, tal el caso del clerical García Moreno. Finalmente, y pasados cinco siglos, los indígenas volvieron a sus tierras y, se cumplió el objetivo la toma real del centro poblado de Simiátug; mas el grito de rebelión «Ni pita mana manchani» retumba en las mentes de muchos patriotas que luchan y se sacrifican por cambiar la situación de postración social y decadencia de los mejores valores como la libertad, la dignidad, el derecho al trabajo, a la educación, a la salud, etc.

Con la obra en mención participé en uno de los concursos de música nacional promovidos por los dignatarios del Banco Central del Ecuador, en forma particular, por su gerente, señor Espinosa Bermeo, personaje dotado de una gran sensibilidad hacia el arte nacional. *Ni pita mana manchani* fue una de las diez mejores obras del concurso, elegidas para editar un disco de larga duración (L. P.); originalmente fue interpretada por la soprano Alicia Caicedo, excompañera del Grupo Lírico Universitario en el Conservatorio Nacional de Música. Este evento se desarrolló en el año de 1979.

A propósito de los concursos de música auspiciados por el Banco Central, no puedo dejar de mencionar el concurso de 1978. En ese año fui invitado para interpretar la obra del Maestro Gerardo Guevara Viteri titulada *Jaguay Paco Pamba*[8];

---

8 Cosecha en una planicie de la provincia de Chimborazo.

todo el texto fue estructurado en idioma kichwa y su música, un yumbo con una rítmica a la altura del maestro. Superadas las dificultades y luego de intensos trabajos con una importante orquesta conformada por miembros de la Sinfónica Nacional, llegó el día y la obra fue premiada con un honroso tercer lugar. Esa fue la oportunidad para estrechar lazos de amistad y confraternidad con el Maestro Gerardo Guevara, quien tuvo la gentileza de felicitarme con términos encomiables: «Usted es la persona que mejor pudo interpretar de la forma que lo hizo». Desde ese momento tuvimos varios encuentros personales, especialmente con ocasión de la reestructuración de la Sociedad de Autores y Compositores del Ecuador (SAYCE), para entonces ya ejercía mi profesión de abogado. La impresión que me ha dejado el Maestro, es de una persona EXCEPCIONAL.

XV
MI PROFESIONALIZACIÓN EN LA CARRERA DE DERECHO Y ALGUNOS ACTOS DESTACADOS

Mis compañeros, mis amigos y las organizaciones sociales con quienes me había vinculado por varios años no dudaron de mi formación encausada en el compromiso social y estrecharon sus lazos para la realización de sus proyectos.

INTERVENCIÓN Y REESTRUCTURACIÓN DE LA SOCIEDAD DE AUTORES Y COMPOSITORES ECUATORIANOS (SAYCE) 1980-1990

Luego de quince años de bregar en la formación política, sociológica y filosófica, y en la práctica de un arte contestatario, empezó una nueva oportunidad de trabajar en beneficio de la cultura nacional. Por petición de varios miembros fundadores de la SAYCE, y en vista de los problemas serios que afrontaba la misma, intervino el ministro de Educación Alfredo Vera con el propósito de solucionar la situación caótica de esos tiempos, que hacía peligrar la existencia de la sociedad. En esas condiciones, y luego de haber sido integrado como miembro de la SAYCE, recibí la invitación de dos prominentes miembros fundadores, los maestros Gerardo Guevara Viteri y Luis Nieto Guzmán, además del señor interventor nombrado para el efecto.

Una vez vinculado a la Comisión Interventora, participé activamente en todos los actos promovidos para la realización de reestructuración de la Sociedad. Uno de los primeros actos fue la convocatoria a Asamblea Nacional, luego de visitar varios núcleos, en diferentes provincias. Sin embargo, no se pudo evitar el daño económico causado por dirigentes improvisados y carentes de ética y del concepto de mandatarios al servicio de los miembros de dicha sociedad; estos mancharon el orgullo guayasense, tierra de grandes maestros como Joaquín Gallegos Lara y Carlos Rubira Infante, entre muchos otros, con actos delincuenciales como la liquidación de la cuenta abierta en dólares de los EE. UU. por el monto de catorce mil dólares, ahorrados con mucho sacrificio por los miembros fundadores.

En la citada asamblea se decidió establecer directorios provinciales por todo el tiempo de la intervención; entonces tuve el honor de presidir el Directorio de Pichincha, por decisión democrática de los autores y compositores provinciales, y formar parte del Directorio Nacional. Se promovieron sendas asambleas provinciales y nuestra gestión tuvo eco en la mismísima OMPI, Organización Mundial de Propiedad Intelectual, organismo que envió a varios de sus expertos en Derecho Autoral para tratar de modernizar la gestión de la SAYCE. La actividad más importante de dicha delegación fue el Seminario Internacional sobre Derecho Autoral, realizado en Quito en 1988, para jueces y magistrados de la Corte Nacional de Justicia (Corte Suprema), y por supuesto para los miembros.

No faltaron actos discordantes que abonaban a otros actos violentos, como las ocupaciones forzosas y violentas de la sede nacional por parte de los mismos descalificados pseudodirigentes, que ya fueron sancionados judicialmente por actos dolosos en contra de los recursos de la sociedad autoral. Dichos actos fueron repudiados a nivel nacional e internacional, sobre todo por autores que se sentían desprotegidos por la representación de Ecuador. No dudaron en proponer un juicio político en contra del ministro Alfredo Vera, aunque quedaron en ridículo por el rechazo sufrido en la Asamblea Nacional. Tuve el agrado de participar en el evento a nombre de la Comisión Interventora, aunque no fuera partidario del régimen de turno, (Izquierda Democrática), pero sabía que existían razones de sobra. Las órdenes de detención en contra de algunos malandrines que usurparon los recursos de la SAYCE eran una prueba contundente de que la Sociedad estuvo en grave riesgo de desaparecer.

Sin embargo, el arduo trabajo de persuasión en las provincias, sobre el papel de SAYCE, las demandas de los autores y compositores nacionales y extranjeros y el asesoramiento de la OMPI, si bien sirvió para la subsistencia de la sociedad, no alcanzaron para que se cumpla ni siquiera medianamente el respeto a las leyes y reglamentos que amparan a los autores y compositores de forma global. Cuando el ministro Vera decidió terminar con la intervención, envió a sus delegados, quienes enturbiaron el proceso permitiendo la participación de los encausados en la Asamblea Nacional, quienes se hallaban forzosamente al interior del edificio de la SAYCE desde el día anterior a la realización. Fueron absueltos de hecho, en nombre de la «concordia» entre sus miembros, situación que en lo medular sigue sin resolverse: el cumplimiento de los derechos de autor, exigiendo a los que lucran con el uso de las obras, para que organicen dicho uso en coordinación con la SAYCE, cuenten con la respectiva autorización y esta cumpla con la obligación de rendir cuentas ante sus representados, a nivel nacional e internacional.

No todo se perdió; se sabe que, en cuanto a la organización de directorios, se respetan procesos democráticos.

MI EXPERIENCIA EN LA FEDERACIÓN DE ARTISTAS POPULARES DEL ECUADOR (FENARPE)

En este mismo período fui invitado para asesorar a la FENARPE, con su presidente, don Marcelo Campaña. Se torna casi normal que en este tipo de organizaciones existan conflictos difíciles de conciliar; a pesar de todo, cuando existe una actitud decente y respetuosa de los mandatos que les toca cumplir a los dirigentes, se cuenta con el aval de la moral del deber cumplido; y eso es lo que ocurrió en esa experiencia. El punto en discordia muy acentuado ocurría con la Asociación de Artistas de Pichincha, cuya dirigencia estuvo marcada por un complejo de supremacía, superado una y otra vez por la desaprobación de la mayoría a las acciones disociadoras. Se cumplieron varios objetivos en lo referente al ejercicio democrático en la renovación de dignidades y en el mejoramiento de sus reglamentos. Lo que se tornaba imposible era la realización de eventos nacionales en la capital de la República debido a los hechos anotados, de modo que, quieran o no, concurrían a otras sedes fuera de Pichincha.

DEFENSA GRATUITA A LOS PRIVADOS DE LIBERTAD

Mi inclinación por la criminología me vinculó con el Instituto de Criminología de la Facultad de Jurisprudencia, durante el tiempo que me llevó mis titulaciones universitarias (licenciatura y doctorado). Funcionarios del instituto se convirtieron en mis grandes amigos y colaboradores para mi tesis doctoral *Análisis y soluciones para el sistema carcelario ecuatoriano*. Por su intermedio conocí a varios miembros de familias que requerían de asesoramiento y defensa para privados de libertad. Hay que destacar que la Facultad de Jurisprudencia ofrecía servicios gratuitos en este ámbito.

Los casos que pude atender en forma satisfactoria, fueron en beneficio de artesanos residentes en Quito, que habían adquirido vehículos con denuncias por robo en ferias informales. Una vez detenidos sufrían verdaderos traumas hasta «probar su inocencia». Este servicio gratuito se tornó muy gratificante; pasado el tiempo, todos fueron mis amigos y clientes incondicionales, promotores del profesional abogado.

EL COLEGIO DE AMERICA DE QUITO (FEMENINO). UNA EXPERIENCIA EN DOS FASES RADICALMENTE OPUESTAS (1982)

Esta institución de carácter particular fue fundada por la doctora María Angélica Carrillo, luego de una exitosa gestión en el Colegio 24 de Mayo, en el cual había dirigido una estructura física al puro estilo europeo y, más concretamente, alemán, donde se había formado como docente. Para mi ingreso a dicho colegio tuve que tomar decisiones drásticas, como la renuncia al magisterio fiscal y las otras actividades en instituciones particulares, como el recordado Colegio Pensionado Universitario. Para entonces ya había adquirido cierto prestigio como artista y docente, con un premio internacional (1969) y la culminación de mis estudios en el Conservatorio Nacional de Música; esos créditos me permitían establecer ciertos requerimientos para prestar mis servicios y para estar en concordancia con las exigencias de la institución, cuya fundadora dejó constancia de última voluntad en testamento, de que contara con un grupo coral de señoritas.

Para tal efecto habían contratado al maestro guatemalteco Óscar Vargas Romero, director renombrado de orquesta y coros, quien no tuvo el éxito esperado; mi conclusión es que no encontró los registros o tesituras vocales tradicionales, cuyos experimentos armónicos con las mal llamadas «voces blancas» de las adolescentes me pertenecen, tanto que acepté el desafío. Debo destacar el hecho anecdótico ocurrido en la entrevista con el rector de dicho colegio: me acompañaron dos amigos entrañables, Gonzalo Murillo y Rodrigo Valenzuela, quienes prestaban sus servicios como docentes en la institución. El señor rector me preguntó cuál sería mi aspiración salarial, y entonces formulé una pregunta espontánea: «¿Cuánto gana usted, señor rector?». Su respuesta fue treinta mil sucres; esa suma es la que considero justa por mis servicios y en las condiciones planteadas. De forma inmediata pidió la comparecencia del señor colector, a quien le dio la siguiente instrucción: «Modifique mi sueldo, porque el señor Poveda va a ganar treinta mil sucres mensuales por sus servicios de maestro de Música a tiempo completo y con la condición de que forme un grupo coral de señoritas para dar cumplimiento a la voluntad de la señora fundadora del colegio». No se dijo más y el contrato se firmaba a inicios de septiembre de 1982. La suma pactada era impensada y elevada para entonces, si no hubiese ocurrido la depreciación monetaria con una inflación astronómica que pulverizó la economía nacional apenas transcurrido un año del contrato.

Una vez en el ejercicio de mi cargo, me encontré con la grata sorpresa de contar con una comunidad, disciplinada, respetuosa y progresista, tanto en el estudiantado como en sus representes. El colegio estaba dotado de una sala especial para clases de Música, con piano y graderío para el coro; el maestro no tenía que trasladarse a las aulas, sino que, a la inversa, las señoritas asistían a dicha aula, guiadas por una señora inspectora, y luego venían solas en perfecta formación de dos en dos.

Llegado diciembre, y para alegría de todos, el coro juvenil estuvo listo con su repertorio navideño, con obras latinoamericanas de gran calibre como el *Cristo de Palacahuina*, con el sello y vocación del director. Las reacciones positivas no se hicieron esperar: recibimos, juntos con el coro del Colegio de América, las felicitaciones del rector y los padres de familia, quienes no se quedaron con el festejo, sino que decidieron realizar una edición especial con el repertorio del coro, objetivo que se cumplió, satisfactoriamente.

INICIO DE LA SEGUNDA FASE DESAGRADABLE

Transcurría el tercer año de labores y la demanda para ingresar al colegio era muy grande, al punto que el rector puso su mirada en el aula de música como una opción para satisfacer la demanda y, desde luego, mejorar sus ingresos. Esos hechos lamentables se hicieron realidad un mal día, cuando el rector decidió que ese espacio físico, aula de música, se transformara en dos salas destinadas para clases «normales»; retiró el piano y los demás implementos y con ello se rompió nuestra relación laboral. Fue motivo de gran indignación, pero no había quien pudiera con un verdadero «capataz».

Esta noticia llegó, no sé cómo, a conocimiento de la señora albacea testamentaria, Marcia Brito, persona de confianza de la familia Carrillo, quien conocía de mis prácticas en el ámbito del Derecho por varias consultas que me hiciera poco tiempo atrás, con el propósito de hacer cumplir las cláusulas testamentarias al rector, quien había transgredido todas las expectativas de la familia Carrillo.

Después de un año de conflictos con el rector inicié una demanda laboral en su contra; esa fue mi primera experiencia como abogado de los juzgados y tribunales del Ecuador, causa que me fue favorable tras una ardua lucha para cambiar una situación aberrante, que venía ocurriendo al interior de la Corte

Suprema. Se trataba de terminar con los cargos de asesores de los ministros que, al mismo tiempo, se convertían en defensores de las causas en tercera instancia; por lo tanto, a los litigantes vinculados a la Corte Suprema no les importaba que se haya ganado las causas en la primera y segunda instancia, pues en la tercera todo habría cambiado sin remedio. Dicha tarea cumplí gracias al acompañamiento de varios maestros universitarios, cuya amistad me había ganado a base de esfuerzo y dedicación, y, a la oportunidad que tuve como profesor de Procedimiento Penal en la Facultad de Jurisprudencia de la Central.

Superado ese escollo de los «asesores de la Suprema», pude conseguir la ratificación de las sentencias de primera y segunda instancia y, con ello, la correspondiente indemnización.

El incidente con el rector del Colegio de América, sirvió para mi retorno a mi querido Carlos Zambrano Orejuela, del cual me alejé temporalmente y a disgusto de mis leales compañeros y de su respetable rector, don Lauro Toscano Saona, y además para incursionar de lleno a mi profesión de abogado. Declaro que, con las tres oportunidades, de músico, docente y abogado, conseguidas con «FORTALEZA y PERSEVERANCIA», he sido feliz, además del entorno familiar y social que me acompaña en forma superlativa.

XVI
EL COLEGIO EXPERIMENTAL 24 DE MAYO Y LA REALIZACIÓN MÁS SIGNIFICATIVA EN MATERIA DE «EDUCACIÓN MUSICAL», PROPIAMENTE DICHA 1988-2013

Habían transcurrido veinte años desde mi incorporación al Magisterio Nacional, con más decepciones que logros. Las clases de Educación Musical se impartían en lugares comunes para todas las materias o ciencias, desprovistos de lo más elemental: un instrumento, con un promedio de cuarenta alumnos por aula, en cuyas circunstancias había que hacer magia para lograr la concentración y motivación de ese conjunto de adolescentes. En lo personal, empezaba coreando canciones del momento, para luego impartir algún conocimiento teórico de la música y terminar con las instrucciones para algunas tareas, todo en cuarenta minutos y, en el mejor de los casos, dos veces por semana.

En el lapso en mención ocurrieron dos excepciones. La primera, mientras existió el normal Carlos Zambrano, allí sí había que esforzarse, ya que los futuros maestros debían encargarse de la Educación Musical; esto implicaba el aprendizaje, cuando menos, de un instrumento y la educación vocal para el canto, anotándose que el Normal sí contaba con un lugar apropiado para las prácticas instrumentales y vocales, con piano incluido. Fue muy satisfactorio hacer el acompañamiento a los normalistas a sus clases en las Escuelas de Práctica Docente. La segunda ocurrió en el renombrado Colegio de América de Quito, como queda dicho en el capítulo anterior.

Mientras transcurría el período en el cual fue rector el Dr. Ángel Garrido, por intermedio de la maestra y dilecta amiga doña Marina Galárraga, pude conocer el proyecto que deseaban desarrollar con el instrumental donado por la Embajada del Japón en Quito; se trataba de un conjunto completo de instrumentos como para implementar una banda de 51 integrantes. Fui presentado al señor rector, quien me manifestó que deseaban realizar un concurso de méritos para elegir al maestro que presente las mejores condiciones para el éxito del proyecto de una banda sinfónica juvenil. Me tardé una semana de intensa actividad realizando consultas con el director del Conservatorio Nacional de Música, con algunos maestros de la Sinfónica Nacional, y organizando mi hoja de vida, con la certificación de la Dirección Provincial de Educación de Pichincha; hasta ese entonces se archivaban los datos sobre estudios, concursos y otros méritos de los alumnos y maestros de música.

Hubo un invitado especial para el proyecto: el maestro Edgar Palacios, de conocida y exitosa trayectoria, quien debido a sus múltiples compromisos no se hizo presente. No tuve conocimiento de otros interesados y, luego de varias reuniones con miembros del Consejo Directivo del plantel, fue aprobado mi proyecto, que contaba con varios actores: dos maestros de flauta traversa, miembros del Conservatorio Nacional; tres miembros de la Sinfónica Nacional, maestros de trompeta, saxofones y tuba; dos maestras independientes de clarinete; los representantes de las señoritas aspirantes, como garantes por el valor de los instrumentos y el apoyo correspondiente. Me correspondió organizar y realizar el concurso interno de aspirantes; la coordinación general con los actores del proyecto; la dirección de la banda; la preparación de las integrantes sobre lectura e interpretación de las obras; y la preparación de la bajista.

El proyecto tuvo gran acogida, dada la importancia del colegio, lo novedoso del mismo y mi cercanía con los maestros instructores.

Una vez seleccionado el grupo de señoritas —que, por supuesto, no fue fácil escoger entre las ciento cincuenta inscritas— se inició el trabajo con mucho entusiasmo. Obtuve la dotación de una planta completa del edificio del posbachillerato, adjunto al colegio; una buseta para el transporte de las señoritas flautistas al Conservatorio Nacional, para cumplir con el convenio pactado con los maestros de esa especialidad, doctor Gustavo Lovato y Julián Pontón, quienes generosamente impartirían sus clases en horario extracurricular, gratuitamente. Expreso mis felicitaciones y agradecimientos a dichos maestros en particular y a todos aquellos que participaron en la inauguración del proyecto, con quienes me une una relación fraternal y porque forman parte de esta historia personal.

La respuesta de las señoritas aspirantes fue excepcional; para el quinto mes de prácticas ya teníamos un repertorio de cuatro obras, desde luego no de mucha complejidad. Recuerdo una de ellas: *Himno a la alegría*, de L. V. Beethoven (fragmento).

Todo funcionó según lo previsto, hasta que el señor rector, doctor Ángel Garrido, fue desplazado de su cargo. Luego todo sería un fracaso. Ocurrieron actos descalificados e indignos de personas que se creía serían incapaces de enterrar el proyecto de forma grosera y definitiva, haciendo gala de la peor conducta que golpeó no solo a las personas involucradas en el proyecto, sino a la misma institución, que merecía conservar su sitial de pionera a nivel nacional.

Llegado el sexto mes de trabajo, las «autoridades», lideradas por una persona de ingrata recordación, con cargo de vicerrectora y que no merece ser nombrada por haber superado todos los límites tolerables, y por poner su complejo de superioridad por delante de los intereses de la institución y de la cultura como un derecho humano, decretaron: «Que la banda realice una presentación para evaluar los éxitos alcanzados, luego de lo cual se ordena la entrega de los instrumentos a la señora guardaalmacén».

No recuerdo cuántas ocasiones intervine en el Consejo Directivo para explicar las consecuencias negativas e inimaginables que ocurrirían si se mantenía inalterable la decisión de terminar con el proyecto iniciado. Al no encontrar respuesta positiva, finalmente solicité que, por lo menos, permitieran la limpieza de los instrumentos antes de ser guardados, en «honor» al «principio de autoridad». Ante las peticiones de los padres de familia, tendientes a conseguir la continuación del proyecto, todo lo que consiguieron fue una «advertencia» de que, si seguían actuando en contra de las decisiones de las autoridades, deberían —o deberíamos— buscar otra institución. Con lo dicho, consiguieron acallar las voces de los padres de familia; menos la mía, por supuesto. No me preparé para ser atropellado por la ignorancia y la prepotencia de quienes se creían «propietarios» de la institución y de la razón.

Este vergonzoso episodio duró seis largos años de lidiar contra la postura de una persona que trató, a toda costa, de obstruir mis actividades, para las cuales me comprometí con el plantel y, por ende, en beneficio de las señoritas estudiantes.

De estos actos reprochables se enteraron las autoridades provinciales y, en la máxima instancia, el Ministerio de Educación. Por petición de esta persona tuve dos intervenciones con el señor director provincial de Educación de Pichincha, de las cuales ella no resultó bien librada, debido a los argumentos irrefutables que me asistían; desde entonces burlé su acoso, que se producía a través de sus convocatorias a su despacho para escuchar su «monólogo». Resistía por dignidad, no porque me faltara lugar donde prestar mis servicios; al fin y al cabo, mis éxitos relacionados con el arte musical ya alcanzaban niveles reconocidos y, además, para inicios de 1989 ya había alcanzado mi titulación en el campo del Derecho, atendía mi despacho en el tiempo disponible y contaba con mayor seguridad para atender mis obligaciones familiares.

En relación con mi carrera en la Facultad de Jurisprudencia, siento la necesidad de dejar constancia expresa y pública, con sentimientos de gratitud y admiración, hacia mi fraterno doctor Carlos Reyes Reyes, quien no tuvo reparo a la hora de dotarme de un espacio físico, oficina, y de todo su archivo de causas atendidas en su consulta, en cuanto supo de mi decisión de realizar mi carrera en la Facultad de Jurisprudencia, donde fue maestro y decano.

MADAME MARIÉ LESGRET. UNA ANÉCDOTA GENIAL, DIFÍCIL DE IGNORAR

Una vez ingresado al Colegio Experimental 24 de Mayo, en 1988, me encontré con la sorpresa de que el grupo de docentes de Educación Musical se conformaba por Oswaldo Galarza, Filiberto Arroyo, Edgar Mejía y Madame Lesgret. Como antecedente, recuerdo que a la mencionada señora o señorita la conocí en 1965, año en el que comencé mis estudios musicales en el Conservatorio Nacional; ella y otro señor de avanzada edad, cuyo nombre no supe jamás, concurrían todos los días laborables a las siete de la mañana, con apariencia muy pulcra, a disputarse un aula con los estudiantes de piano. Aparentaban realizar sus estudios de manera formal; mas estos dos personajes nunca estuvieron matriculados en la institución, ni tampoco fue posible impedir su concurrencia, debido a la forma tan singular con la que habían conseguido una aceptación tácita por parte del señor inspector general del Conservatorio. No se tuvo referencia sobre el tiempo que iniciaron dicha «actividad». Esa situación no podía alterarse, hasta que cierto día dejó de concurrir uno de aquellos.

Mas la historia con Madame Lesgret se tornó diferente: una religiosa franciscana, estudiante del Conservatorio, se había percatado de la situación peculiar de Madame y emprendió una tarea solidaria, digna de reconocimiento, hasta conseguir tratamiento psicológico nada menos que en la Sorbona de París, por un lapso aproximado de un año, con transporte, alojamiento, medicamentos y demás gastos a cargo del Gobierno ecuatoriano.

Encontró un contacto directo con el ministro de Educación e impartió la noticia de que «una maestra de la Sorbona de París visitará Ecuador y, en Quito, desearía impartir unas clases magistrales en el más afamado colegio del país, el 24 de Mayo». El señor ministro, al conocer de tan importante oportunidad, dispuso al rector del establecimiento y le recomendó que le prestara todas las facilidades para que la maestra francesa realizara su cometido.

Una vez en Quito, la maestra Lesgret fue recibida con honores en el 24 de Mayo y le asignaron varios paralelos o cursos de sexto año para que pudiera dictar sus clases «magistrales». A propósito, cuentan que las alumnas casi no entendían el «idioma» que pronunciaba la maestra, quien había utilizado el tiempo para narrar su «trayectoria y logros musicales». No podía ser de otra manera, dado que de música no sabía ni «j», como dice el dicho.

Luego de unas semanas en Quito y algunas «clases magistrales», logró hacerle conocer al señor ministro la noticia de que le había encantado Quito y la actitud positiva de las alumnas y autoridades del colegio, y que había decidido establecerse en la capital por un tiempo aún no definido; además, deseaba saber si tendría la oportunidad de impartir clases a las alumnas de sexto año. El asunto fue también conocido por las autoridades del colegio.

Ante tan «magna» noticia, el entusiasmo por incorporar al Magisterio Nacional a tan importante maestra «francesa» tuvo como consecuencia el nombramiento como profesora de Educación Musical del Colegio Experimental 24 de Mayo. Dicho nombramiento ocurría dentro del marco de la ley que amparaba a los profesores de la materia; sin embargo, Madame Lesgret iniciaba su bachillerato nocturno en el Colegio Gabriela Mistral de Quito.

Llegado el día de incorporarme al Departamento de Música, no podía creer lo que estaba viendo: Madame Lesgret en persona. Entonces recordé que fui defensor de aquella ante las burlas que sufría en el Conservatorio y el repudio que le tenían los alumnos y alumnas, porque se instalaba en un piano cualquiera de los pocos disponibles y no había quien la moviera del lugar durante largas jornadas de cinco a seis horas diarias; muchas veces se la vio dormida sobre el instrumento.

Tuve conocimiento de los artilugios utilizados para su ingreso y me causó indignación por el fraude que constituía para las señoritas estudiantes y para la institución que gozaba de mucho prestigio.

En cuanto tuve la oportunidad, emití un informe fundamentado dirigido al Consejo Directivo del establecimiento, haciéndoles conocer lo inaudito del asunto y que los miembros del Departamento de Música fuimos testigos de la farsa respecto de su nula preparación profesional y cualidades musicales. No se trataba de asuntos personales, sino de una preocupación que ponía en desmedro a la propia institución.

Al verse en medio de la tormenta, puso en marcha otra maniobra: había conseguido una recomendación para que la recibiera la madre del señor presidente de la República, doctor Rodrigo Borja Cevallos, ante quien interpuso una queja sobre el acoso y discriminación que decía sufrir al interior del colegio, por cuyo agravio se llamó la atención a las autoridades desde la Presidencia de la República. Sirviéndose de ese acontecimiento, extremó su actitud agresiva hasta llegar a solicitar la renuncia del Consejo Directivo.

Al momento de realizar su defensa en el Consejo Directivo, al haber sido llamada para que justificara sus actos desleales y desproporcionados, no dudó en declarar, entre otras argucias, que «el Dr. Poveda le asesoró» para preparar el escrito que presentó ante el organismo.

Con las evidencias insuperables, la institución dejó de asignarle la carga horaria obligatoria; ante lo cual fingió haber perdido la visión y se presentaba en el colegio diariamente apoyada por un lazarillo; luego se supo que era su hermana. En tales circunstancias se mantuvo todo un año lectivo, pretendiendo conseguir su jubilación por invalidez; objetivo que no pudo cumplirse debido a los requisitos que debía reunir para tal propósito, específicamente un diagnóstico médico especializado. Luego, como por arte de magia, «recobró» la visión y permaneció en el colegio hasta su jubilación, con una actividad «extracurricular», sin acceso a los cursos regulares. De esta manera, Madame Lesgret nos dejó una lección de genialidad de proporciones; por cierto, la prenombrada pasó por más de tres identidades durante el tiempo que se la conoció, mismas que quedan en reserva por tratarse de un caso muy peculiar.

XVII
LA ASOCIACIÓN DE PROFESORES, PERSONAL ADMINISTRATIVO Y DEMÁS EMPLEADOS DEL COLEGIO EXPERIMENTAL 24 DE MAYO: UN LIDERAZGO MARCADO POR DOS FACETAS 1991-1993

A inicios de 1991, un grupo importante de maestros y maestras del colegio me invitó a participar en la elección de la nueva directiva de la asociación; entonces conseguí un equipo valioso para participar en el evento. Luego de una campaña más o menos reñida, nuestro grupo resultó favorecido con una mayoría indiscutible. Sin embargo, no se conocía el plan que tenía trazado el primer vocal del directorio. En la primera sesión formal ocurrieron dos hechos inaceptables que superaban las competencias de los dos miembros que discordaron. La una, quien fue nombrada tesorera de la asociación, llegó con la novedad de que había contratado un contador sin consultar a nadie, ni siquiera a su presidente; en la misma reunión recibió el rechazo merecido por la mayoría del directorio y, en el mismo acto, expresó su renuncia «irrevocable». Desde luego, pasó a formar parte de las voces discordantes en contra de nuestra actividad.

Por otra parte, el primer vocal presentó el «plan de trabajo» para nuestro período de dos años; ante la desaprobación de la mayoría, quedó descubierto el plan que pensaba implementar para captar la dirección de la organización. Desde aquel día empezó prácticamente a obligar a la vicepresidenta a que dimitiera de sus funciones, y lo consiguió, a pesar del éxito de su gestión.

A pesar de los actos desleales y disociadores, la mayoría del directorio se consolidó y el primer vocal terminó por renunciar al sentir frustrado su propósito, sin acceder a la vicepresidencia que normalmente le correspondía. Por nuestra parte, iniciamos cambiando la «tradición» de terminar los períodos y dejar sin un centavo a la próxima directiva y sin un solo mueble en la sala de la organización. Con el auspicio de las empresas proveedoras de productos para los bares a cargo de la asociación, amoblamos adecuadamente el salón e implementamos un equipo de computación.

Cumplimos con éxito todos los actos que correspondían a la asociación: la celebración del Día del Maestro; un presente navideño; programa especial por las fiestas de Quito; y dos actos por año en lugares turísticos y de recreación, con servicio de transporte, alimentación, baile y actividades deportivas fuera de la ciudad.

Todos los ámbitos relativos a la administración de bares, almacén con uniformes para las señoritas estudiantes y las relaciones con los proveedores funcionaron adecuadamente, hasta que se produjo lo impensable: un acto ilegal, producto de la animadversión de un grupo que deseaba perjudicar nuestra gestión. Con la venia del rector de turno, el colector del colegio retuvo valores que correspondían a la asociación y sin los cuales no podía el señor contador cerrar el informe económico correspondiente a nuestro último año de gestión. Nuestros detractores gratuitos, más concretamente los míos, creyeron haber ejecutado un «jaque mate» perfecto; al no tener completo el informe, mal se podía poner a consideración de la Asamblea

General. Sin embargo, se realizaron las elecciones del nuevo directorio, se posesionaron de sus cargos y se hizo la entrega-recepción de los bienes, con saldo positivo y a satisfacción, menos los valores que se hallaban en la cuenta del colegio.

Este hecho le dio la «oportunidad» al exprimer vocal del directorio saliente para convocar a dos asambleas espurias de contrarios «autoconvocados», para escandalizar y comentar que no se había presentado el balance de la gestión. A esta payasada se sumaron un par de directivos nuevos, sin ningún resultado distinto a la demostración de falta de ética y de respeto para sí mismos, pues era de conocimiento general que los fondos fueron retenidos de manera ilegal por el colector del colegio, a quien le costó el cargo por resolución de la Contraloría General del Estado. No me arrepiento ni me reprocho por haber intervenido profesionalmente, a nombre del colegio, por encargo de la nueva rectora, Mgs. Feliza Torres, por quien guardo respeto y gratitud, por su amistad, valoración profesional y confianza, luego de la destitución del rector por sanción con responsabilidad civil y penal. Seguro que habrán recapacitado, pero demasiado tarde; los resultados adversos contra estas personas pesaron más de lo que pretendían en mi contra. Debo aclarar que no tuve nada que ver con la iniciación del examen de Contraloría que terminó con las sanciones anotadas.

XVIII
LA FUNDACIÓN DEL CORO JUVENIL «24 DE MAYO»: CONCRECIÓN DE UNA PARTE IMPORTANTE DE MIS SUEÑOS 1995-2013

Este acontecimiento maravilloso ocurrió gracias a la intervención de la Subsecretaría de Cultura del Ministerio de Educación, por intermedio de su titular, el señor licenciado Rafael Herrera, personaje de recto proceder y ponderada responsabilidad por la cultura nacional, a quien tuve el honor de conocer en la Universidad Central del Ecuador, allá por los años setenta, cuando actuaba como miembro del Grupo Lírico Universitario y él estaba a cargo del Departamento de Cultura de la Central.

A finales del mes de julio de 1995 tuve la grata noticia de que el Colegio Experimental 24 de Mayo obtuvo la delegación ministerial para que represente al país en el Primer Festival Internacional de Coros Juveniles de Latinoamérica, denominado «Un coro por América», a realizarse en Santiago de Chile los días uno, dos y tres de septiembre de 1995, con el auspicio oficial de la institución educativa Santiago Coolech.

Se disponía y solicitaba que de dicha representación se hicieran cargo tanto la primera autoridad del colegio, licenciada Martha Yépez Moreira, como el maestro doctor Salomón Poveda Llerena, profesor del plantel; para cuyo fin se hacían llegar las bases del concurso y se daba a conocer que la Subsecretaría de Cultura, a nombre y por delegación del Ministerio de Educación, se haría cargo de todas las gestiones oficiales necesarias, en coordinación con la Embajada del Ecuador en Chile.

Una vez formalizada la delegación por parte de la autoridad ministerial y conocidos los requerimientos del concurso, la señora rectora formalizó mi participación mediante comunicación oficial e iniciamos intensas actividades para el evento. Formulamos conjuntamente un cronograma de trabajo: a) selección de las señoritas integrantes del coro juvenil; b) poner en conocimiento de los padres de familia y representantes los detalles de la delegación ministerial; c) obtener la autorización formal para la posible participación en el festival; d) conseguir su compromiso relacionado con el transporte aéreo, luego de haber obtenido la correspondiente calificación por parte de los anfitriones, por cuanto ese rubro sería sufragado por las delegaciones participantes; e) conseguir los fondos para la edición, en estudio profesional de grabaciones, de tres obras que debía realizar el Coro Juvenil con su director.

Se puso en marcha el programa con el compromiso inusitado de todos los actores. De algo más de un centenar de aspirantes hubo que reducir al mínimo el número de integrantes del grupo coral para estar en armonía con los organizadores del concurso; luego de un proceso de selección de aptitudes fueron calificadas veinticuatro señoritas, más un invitado especial, el juvenil Óscar Andrés Poveda Herrera, en calidad de pianista acompañante del coro, con la venia y complacencia de la señora rectora. A las demás aspirantes se les explicó las razones por las cuales el grupo debía ser pequeño y que, luego del evento, si se lograba la calificación para el festival, se ampliaría el número de integrantes.

Con un compromiso digno de reconocimiento por parte de las señoritas que cursaban el primero y segundo año de bachillerato y su acompañante, conseguimos la edición de las obras:

Coplas del folclor venezolano; *Zamba, zamba*, aire típico nacional; y *Esmeralda*, arrullo esmeraldeño, obra de un servidor que se proponía estrenar en el festival.

Luego de haberse cursado el material para conocimiento y calificación de los anfitriones, transcurrida una semana recibimos la invitación oficial con felicitaciones por parte de la institución anfitriona.

A mediados de agosto, con la motivación del evento extraordinario, proseguimos con la planificación y, por supuesto, con un trabajo intenso con el grupo juvenil. Para finales de agosto todo estuvo en su punto; durante todo el proceso se mantenía información permanente con el señor subsecretario de Cultura, quien realizó la coordinación necesaria a nivel oficial, hecho que incidió en el éxito de la delegación nacional en todas sus formas.

Cumplidos los requisitos del festival internacional y con el apoyo incondicional de los padres de familia, el 30 de agosto del año en mención fuimos recibidos en el aeropuerto de Santiago en horas de la mañana y transportados en un lujoso autobús de la Armada chilena, unidad exclusiva para la delegación del Ecuador durante toda su estancia.

Luego de ubicarnos en el lugar de alojamiento y proporcionarnos alimentos en el comedor del Santiago Coolech, tuvimos nuestro primer *tour* por el centro de Santiago; el lugar más destacado de ese día fue el Palacio de La Moneda.

Ya iniciado el festival, había que cumplir con el reglamento establecido, que disponía que los coros participantes debían asistir a todas las presentaciones de las delegaciones nacionales e internacionales.

De inicio recibimos dos gestos destacados y generosos: el primero, la designación de nuestra rectora como directora del festival; el segundo, el privilegio de intervenir en primer lugar en la clausura del certamen; y, finalmente, el honroso encargo para que el Colegio Experimental 24 de Mayo sea el anfitrión del Segundo Festival Internacional de Coros Juveniles. Fue notable la participación de la delegación del Ecuador: la presencia impecable de nuestras señoritas con su uniforme de parada, con capa incluida; su disciplina; su calidad interpretativa y su actitud fraternal con los demás grupos corales.

Faltaba otra demostración de afecto y confraternidad en una reunión entre todos los directores de los grupos participantes, organizada por la directora del colegio anfitrión, en la cual tuvimos la oportunidad de intercambiar experiencias y formar lazos de amistad entrañable que durarían por mucho tiempo, en particular con el maestro Gallardo, quien nos envió a Quito dos obras corales de su creación, hechas exclusivamente para el Coro Juvenil 24 de Mayo.

Cabe destacar la confraternidad creada entre las y los coristas participantes en el evento; mientras pasaban los días se enamoraban de las obras y empezaban a compartirlas. Nosotros venimos coreando *El caliche* del folclor chileno —«... porque así calladito, Caliche será mejor»—, lo incorporamos a nuestro repertorio y formó parte de nuestra primera edición discográfica, además de la obra del maestro Jorge Gallardo titulada *No permitas*, dedicada especialmente para nosotros.

El fin del Primer Festival Internacional de Coros Juveniles «Un coro por América» no podía ser más apoteósico, especialmente para la delegación del Ecuador, que fue designada como sede para la organización y realización del próximo festival. Fue destacada la prolija organización y desarrollo del evento; notoria la identidad latinoamericana entre todos los actores; y memorable el acto final, cuando las y los coristas retrasaron sus viajes de retorno, pues resultaba difícil terminar con los abrazos, sollozos y cánticos de aquellos jóvenes que entonaban sus obras con pasión, en particular la obra elegida para cantarse entre todos, propuesta por la delegación del Ecuador: «Si somos americanos, somos hermanos, señores...; si somos americanos, seremos una canción». Hay que recordar que la patria chilena acababa de iniciar una nueva etapa posdictadura, quizá la más feroz y sanguinaria de la región, y que los repertorios de la veintena de coros chilenos eran casi todos de contenido religioso; los jóvenes no habían vivido otro régimen hasta entonces y dudo mucho que conocieran los acontecimientos del 11 de septiembre de 1973.

Realizamos dos presentaciones muy aplaudidas por toda la concurrencia; luego tuvimos una especie de premio: nos llevaron de paseo por los lugares más importantes de la ciudad, entre ellos un mirador ubicado en lo alto de una colina de Santiago, dotado de aparatos visores con lentes de aumento. Un colofón especial fue el recorrido por las costas de Valparaíso y Viña del Mar.

La actitud de nuestra rectora, licenciada Martha Yépez Moreira, merece una mención especial: se ocupó hasta del mínimo detalle relacionado con el bienestar de nuestras coristas, al punto de transformarse en una relación maternal; tuvo la gentileza de expresar su satisfacción respecto de la disciplina, unidad fraternal y entrega total en el cumplimiento de nuestras obligaciones, a través de un documento cuyo contenido es conmovedor. Si es posible y lo rescato de entre mis papeles, lo transcribiré.

Al año siguiente, 1996, ya eran ochenta las integrantes del Coro Juvenil; era enorme el interés por pertenecer al grupo. Participamos exitosamente en el Festival de Música Navideña, organizado por el Municipio del Distrito Metropolitano de Quito y la Iglesia Primada del Ecuador. Fue impresionante la actuación de un grupo tan numeroso en el atrio de la Catedral Metropolitana, en la Plaza de la Independencia. Al día siguiente tuvimos la noticia de que fuimos distinguidos con el Primer Premio, que recibimos del señor alcalde del Distrito Metropolitano, Dr. Jamil Mahuad; además de la distinción, recibimos un premio en numerario por el valor de USD 1000,00, con cuyos recursos iniciamos un paseo de fin de año, estímulo que no se interrumpió hasta un año antes de mi jubilación, en 2013.

Acto seguido empezaron los preparativos para nuestra primera edición discográfica denominada *Un coro por América*, con el siguiente contenido:

1. *Coplas del folclor venezolano* (D. R. A.)
2. *Canción de mi pueblo* (Juan Ruales)
3. *Dos palomitas* (Latinoamérica, D. R. A.)
4. *Apamuy shungo*[9] (yumbo tradicional, arreglos del maestro Gerardo Guevara)
5. *Playas del adiós* (autor ecuatoriano)
6. *Esmeralda* (Salomón Poveda Llerena)
7. *No permitas* (M. Gallardo)
8. *El caliche* (tradicional chileno)
9. *Reyes magos* (autor argentino)
10. *Cristo de Palacahuina* (Nicaragua: Ernesto Cardenal y Jaime Mejía Godoy)
11. *Canciones a Quito* (*Chulla quiteño*, L. A. Valencia; *Romántico Quito mío*; *Quito, edén de maravillas*)

Un logro sobresaliente, difundido, compartido y apreciado por toda la comunidad del 24 de Mayo: alumnado, padres de familia y todos los miembros de la Asociación de Profesores, personal administrativo y demás empleados del colegio.

9 Dame tu corazón.

XIX
ÉXITOS Y OBRAS REALIZADAS EN DIVERSOS ÁMBITOS Y EDICIONES DISCOGRÁFICAS

1. *Cantos para días mejores*, L. P., grupo Noviembre 15. Participación con cuatro obras: *Trabajadores*, *Ullari*, *Simiátug* y *Canción a Milton Reyes*. 1978.
2. Fundación y dirección del Coro Juvenil del Colegio de América de Quito. Música nacional. 1982.
3. Fundación y dirección del Coro Juvenil «24 de Mayo» de Quito. 1995-2012.
4. Ediciones discográficas: *Un coro por América* (1996); *Villancicos latinoamericanos* (1998).
5. Música navideña con tres coros juveniles de Quito: «24 de Mayo», «William Shakespeare» y «Alianza Americana». 2000.
6. Edición especial con varios coros juveniles de Quito, luego del Festival Intercolegial organizado por el Distrito Metropolitano de Quito: «24 de Mayo», con *Apamuy shungo*. 2001.
7. Fundación y dirección de la rondalla de la Asociación de Profesores del Colegio Fernández Madrid de Quito. Edición discográfica. 2002.
8. Fundación y dirección del Coro de Profesores de las Escuelas Asociadas de la UNESCO. Edición de músi-

ca nacional; se incluye *Ni pita mana manchani*, obra personal.

9. Intérprete de la obra *Jaguay pacopamba*, del maestro Gerardo Guevara Viteri. Tercer lugar, premio en el Festival de Música Nacional organizado por el Banco Central del Ecuador. 1968.
10. Edición estreno de las diez mejores obras del Festival de Música Nacional organizado por el Banco Central del Ecuador; se incluye el yumbo *Ni pita mana manchani*,[10] letra y música: Salomón Poveda Llerena. 1979.
11. Edición estreno de la música del Himno del Colegio Carlos Zambrano Orejuela de Quito. 2000.
12. Música del Himno del Colegio Los Shyris de Quito. Edición estreno. 2000.
13. *María* (canción).
14. *Aniversario 15* (vals).
15. *Marya Laya* (joropo). Recuerdo del Festival Internacional de Música Latinoamericana, Caracas. 1979.
16. *Homenaje a los niños migrantes solitarios* (pasillo).

TRABAJADORES

(A)

Manos que han de hacer patria,
pensamiento severo,
puños de acero
contra los enemigos de afuera,
contra los de adentro.

(B)

Causa del proletario, la sangre,
sangre de mayo

10 No tengo temor de nada.

que ha coloreado,
y el corazón que grande y curtido
se va forjando.
(C)
Trabajando sí, batallando
por la gran tarea del pueblo,
dándole sol al camino
de la liberación... dándole sol...
bis y final.
(1975)

NI PITA MANA MANCHANI

Recitativo:
Somos cinco siglos de dolor continuo,
pero venimos a nacer con todos
en el nuevo sol de Rumiñahui,
porque es tiempo de libertad,
el tiempo final del sufrimiento.
(A)
De mis runas quiero cantar con amor
su esperanza y su valor;
mitayo y obraje quedó atrás, me he de alzar
como su guerrero corazón,
como su guerrero corazón.
(B)
Desde mis mayores hasta el fin:
Ni pita mana manchani,
Rumiñahui ta micani;
Ni pita mana manchani,
Cecilio Taday micani;
Ni pita mana manchani,
Daquilema ta micani;

Ni pita mana manchani,
Chimborazos ta micani,
ni pita mana manchani.
Bis, desde la A hasta el fin.
Ni pita mana, ni pita mana, ni pita mana».
(1979)

HOMENAJE A LOS HÉROES DEL 15 DE NOVIEMBRE DE 1922

PALABRAS PARA ANTONIO POVEDA

«¿Dónde está el tirano,
dónde sus lacayos fusileros?
¡Yo! reclamo por la sangre de mi abuelo
y de los indefensos patriotas abatidos.
¡Yo! reclamo justicia aquí en el puerto
por los que tiñeron de rojo
las aguas del Salado,
se fundieron en la mar
para volver, volver y trascender
en la memoria de los nuevos
con sus enseñas. ¡Hasta siempre!»
«La lucha es necesaria.
No se olviden, hermanos,
lo que hay que hacer,
sin claudicar jamás».
(Salomón, nov. 15-25)

MADRE MÍA

María Elevación Llerena Ortiz
Raíz vital que me sustenta,
brújula y luz para todos mis puertos,
esencia de todos los perfumes,

amor total que nunca me abandona,
crisol donde se forjan los sueños más hermosos,
hada sensitiva y remota que me siente,
premonitora del destino,
matriz de esta semilla perfectible, sencillamente humana,
plural, universal y cósmica.
¡Yo te amo!
(Salomón, 1997)

PADRE. Señor don Santos Poveda Ortiz,
«puro recuerdo, pura nostalgia»

Hoy, ya llegada la noche, en esta terrible soledad, vuelven mis lágrimas de ausencia, igual que cuando niño no hallaba mi destino o cuando joven me desprendía de mi hogar por la ilusión de alcanzar los horizontes que se hicieron esquivos por mucho tiempo, con el mismo dolor de su partida. Me acompañan las riendas del gran alazán, muchas mañanas, muy temprano, antes de partir hacia la Cordillera Central, remontarla tras un día de viaje y llegar hasta el viejo pueblito de San Andrés (Riobamba); allí le esperaban los «La Yedra» y otros tantos amigos con quienes compartían sus anhelos, cual dulces frutos del subtrópico transportados en lomos de mulas, allá por los años cincuenta.

Ya no están los caminos con sus huellas tantas veces andadas, de arriero, labrador, jinete, musiquero indómito, con demencial urgencia hacia un futuro luminoso, junto a su compañera inclaudicable, doña María Elevación, ejemplo de lealtad y compromiso con la promesa de construir una institución con amor y respeto «hasta que la muerte los separe». Quienes la vieron cabalgando los mismos caminos de su amado, laborando incansable ya en el campo o en el hogar, compartiendo los frutos del trabajo, saben que fue pilar fundamental del proyecto de vida, como un método al que se ha de recurrir para alcanzar la plenitud de los empeños.

Yo sé que su misma estrella me acompaña, me ilumina y aún podemos mirarnos y compartir, imaginariamente, nuestras penas y alegrías. Desde siempre me acompañó en aquellos momentos en que me faltaban fuerzas y la soledad pretendía vencerme; entonces, como aquel niño encapsulado en la chaqueta del «tío rico», se levanta sin complejos, toma su rumbo e inicia su historia personal, se hace hombre ejemplar, cultiva los mejores principios y valores como la honradez, la lealtad y el trabajo tesonero, que le dio tanto que no alcanzaba a administrar sus bienes. En estos tiempos ya no espero un año para ir con usted por esos campos en pos de acreencias, pernoctando en pajares, con alimentos exóticos, pero feliz por formar parte de esas vivencias que quedan en la mente de por vida y en tan singular compañía.

Gracias, maestro. Yo le conozco desde siempre como hombre dotado de perseverancia y fortaleza, dignidad y nobleza sin límites. Gracias, padre, por ayudarme a trazar mi destino.

«Hasta siempre».
Salomón, 13-04-2019

A MARÍA TERESA DE POVEDA (canción)

MARÍA

(A)

Si fueras mi pañuelo, te lavaría,
te limpiaría, pañuelo blanco serías;
luego bordaría tu nombre,
tu nombre rojo en la esquina
(bis).
María, María, María,

María buena, María madre,
amante María, María hija, María.
(B)
Jilguero acompasado, así te quiero,
verso cumbrero que tiene el nido en su cielo,
con todos los dolores de pobres esperanzados.
María, María, María,
María buena, María madre,
amante María, María hija, María,
María, María, María...
(Salomón, 2000)

PARA MI MARY CRUZ, EN SU DÍA
¡Oh, madre!, cuántas vidas detrás de ti,
bregando por un mundo mejor.
Cuántos caminos te han visto
airosa, con tu linaje al hombro
y tus sueños para las nuevas vidas.
Quizá no sabías el privilegio de tu historia personal,
porque los elementos primigenios de la tierra
te hicieron madre para el prodigio de la eternidad.
Cuántas cosas yo te puedo decir,
pero sé lo que te hace feliz:
eso es mi amor, el más grande e incondicional.
Suyo, Salomón, 05-2021
Mi gratitud por tus empeños, por tu mano generosa
que me sostiene y me hace saber
que aún no es la hora de partir.
(Amor mío, 07-05-2021)

MADRES

Seres preciosos venidos de otras vidas,
que se transforman y no mueren jamás;
vencedoras de junglas y animales bravíos,
prodigiosas bienhechoras de vidas nuevas
que luchan por cambiar la conducta de sus próximos,
con la magia del amor y la ternura,
cual buriles que forjan
y propician hermandades.
¡Oh, corajes vivientes!,
sustentos de esperanza para días mejores.
Que sean felices hoy y siempre.
(Salomón, 07-05-2021)

ANIVERSARIO 15 (vals)

(A)

Traednos cada año tus glorias,
tus cantares, tus pesares;
será bienvenido tu año,
que sepa la vida, que sepa el querer,
que hoy comienza la vida una mujer.

(Estribillo)

Si vienes airosa vistiendo de rosa al amor,
si vienes airosa vistiendo de rosa al amor.

(B)

Y serás para nosotros esforzada flor,
que llegas a quince, que pasas a cien,
virtud que se proyecta hecha mujer.

(C)

Si vienes airosa vistiendo de rosa al amor,
si vienes airosa vistiendo de rosa al amor.
(1980)

A LOS NIÑOS MIGRANTES SOLITARIOS (pasillo)

Cuando nací de ti,
nació mi luz, mi identidad;
cuando crecí pude ver yo
mi forma literal,
cual semilla de vientre universal
y cósmica verdad.
Cuando viví pude ver yo
la otra cara de un hombre feliz.
(Recitativo)
Y vi la mueca horrenda
de oprobioso animal,
mal causal de infantiles lágrimas
vertidas en muros y en barreras,
en montes, en ríos y en praderas,
hijos de madres infamadas, desterradas.
Y por amor a ti nació el humano,
hermano viento,
nave, brújula y puerto,
con manantiales de lúcidas sirenas,
horizontes con marchas
de bravos vencedores,
de hombres nuevos felices y mentores,
de mujeres —¡libres!— sin temor cantando,
acunando los frutos
del hoy y del por siempre, ab aeternum.
(2022)

MUJER

Tú que has reunido las semillas
para los frutos de la vida;
tú que has creado el lecho

para el nómada;
tú que has creado núcleos,
pueblos y naciones
para poblar la tierra;
tú que te sabes menos que
un suspiro en la historia del «diverso»,
como dijera Hawking,
y, sin embargo, trasciendes
como «matriz de esta semilla
perfectible, sencillamente humana,
plural, universal y cósmica».
¡Yo! veo en la mujer
toda la geografía de la tierra
y soy feliz porque me llenaste
de ternura y me alineaste con los pueblos
que luchan por el amor, la justicia,
la libertad y la paz;
contra los menos, que están
por el poder y la codicia.
Duerme en paz tu sueño misterioso,
canta con la Storni
y sus «caracolas marinas».
(Salomón, 08-03-2019)

SON DE AMORES

Aquí se acoplan las huellas que dejaste,
aquí se aguardan tus perfumes
para cuando vuelvan tus brisas juveniles;
mientras, te guardamos en nuestros cofres,
donde palpitan contigo una misma armonía,
con alas de amor hacia tu historia personal.
Siempre tendrás una estrella en tu destino,

vamos juntos cantando «una canción al infinito».
A este verso recurren los poetas
cuando encuentran un amor irrepetible
o un hada perfecta como tú, ¡Romina!
(De: Salomón y María Teresa, 2021)

EL AMOR EN EL TIEMPO

Esto debe merecer un tratado filosófico, pero, sabiendo cómo soy, todos mis pensamientos pretenden condensarse en criterios muy sencillos; quizá por eso no alcanzan categorías filosóficas ni prácticas de alto rango, ni pretenden contradecir lo que han dicho los sabios. Sin embargo, hago buen uso de mis legítimos derechos, sin herir susceptibilidades de los poetas ni de grandes pensadores; entonces digo:

«El amor está formando una pirámide que tiene como basamento otros valores que los seres humanos han ido construyendo a través del tiempo:

AMOR
DIGNIDAD – SOLIDARIDAD
DEBER SER, RESPETO, AMISTAD,
LEALTAD, DERECHO, JUSTICIA E IGUALDAD
El amor es un valor sin límites.
Pervive sin que otro amor le corresponda.
Tan antiguo como es, sabe que, a veces,
es dolor y otras veces remedio;
en otras suele ser frontal, guerrero,
contra las adversidades del desprecio
o la traición que se anida en los más débiles».
(S. P., 2019)

PACHA MAMA GRAN MADRE, LA TIERRA

15-nov-2026

GRAN MADRE, LA TIERRA

«Madre de todas las madres,
prodigio de la vida
En ti se conjugan todas las virtudes,
todo lo tienes
para el sustento de tus hijos
Nada escapa de ti
solo la idea,
a veces por ilusión,
a veces por engaño
Alumbras a los hijos
iguales todos, en toda latitud
Con herramientas claras
para trazar el rumbo,
para viajar contigo
inconmensurables distancias
Capaces de sentir, de amar,
de discutir y resolver,
de tomar tus propios elementos
y transformar para su beneficio; y,
Sin embargo, viene
el hijo que desprecia
la esencia de lo humano,
apaga su propia luz
por la codicia y,
Descreído piensa
que tú le perteneces
y que puede amenazar
a tu existencia; entonces,
Aparece el poder
que todo lo pervierte,

con este la violencia
y la mano siniestra
de la muerte;
Para resistir y vencer
a esta ignominia
debemos recurrir a la palabra
como legítima herramienta
capaz de enderezar la senda
y poner la razón como bandera»
(S. P. Ll. 08-03-2026)

ANDRESITO-SAN

Palabras para mi hijo Óscar Andrés

En tu misión de padre has aprendido el valor del amor para un hijo; no dejes de pensar que esa es la felicidad que das y que recibes: el amor, la cercanía, la confianza y las enseñanzas compartidas.

Gracias por ayudarme a comprender el don de la tolerancia. El último capítulo que nos tocó sufrir me hizo saber que nada en la vida puede superar al amor filial y el compromiso sin límites a la hora de sostener la vida de los seres queridos.

No sé si hice lo necesario como para merecer tanto amor y dedicación de mis tres fortalezas y pilares, que lograron sostenerme, junto con todos quienes sintieron haber recibido dedicación, amor y respeto, por siempre.

Tus dones, desarrollados con éxito, y tu historia personal, familiar y tu trabajo son grandes valores para que te sientas feliz, mi Andresito, hijo mío. Sigue adelante y cumplirás tu sueño.

Tuyo, Salomón, dic. 2020

SANTITOS

Palabras para mi hijo Santos David

Para ti mi corazón se hace más grande,
porque es grande el amor que fue creciendo
al tiempo que no te encontraba: dolor y más dolor de ausencia,
de impotencia por no poder ayudarte
a encontrar el camino por donde siempre transitarías.
Y, sin embargo, me haces saber que vas
por donde tu propia brújula te indica, y entiendo que tu derecho es así,
con tu propio rumbo, a tu propio ritmo;
no me falta el respeto para tu decisión.
Debes usar tu propia luz y la fuerza de voluntad
necesaria e indispensable para formar tu carácter;
con ello encontrarás la solución
cuando tengas dos o más caminos, dos o más opciones.
Piénsalo y resuelve, por ti y por los que te amamos.

Tuyo, Salomón, dic. 2020

SON DE AMORES

Álvaro Emanuel – Manu
Jr. Massinger Espartano
¡Cuando me nombras!
¡Cuando me abrazas!,
siento que me falta la vida
para seguir en esta sensación
de felicidad sin límites.

Te ama
S. P. LL., 08-2025

LA NATURALEZA

De ahí vengo yo (canción)

(Lo dijo Álvaro Emanuel, niño de 8 años, Quito)

¡Mira, mira, mira!
Mira cómo gira,
mira cómo brilla
esa maravilla.
¡Mira qué belleza!
La naturaleza.
La, le, lí, lo, lú,
de ahí vienes tú;
la, lo, la, le, lí,
¡yo vengo de ahí!
Todo lo que vemos,
todo lo tenemos.
¡Yo llego a la meta
con nuestro planeta!
Recitativo
Cuidarlo prometo
con mucho respeto.
¡Mira cómo gira!... hasta el fin.

A MI QUERIDO COLEGA DR. GABRIEL ORTIZ POVEDA

Ya lo dijo Machado: «No quiero ni tu justicia ni la mía; si quieres justicia, vamos a buscarla».

«La justicia no es sino la posibilidad de encontrar seres con suficiente raciocinio, investidura de jueces con jurisdicción y competencia, comprometidos con la lealtad e imparcialidad para no erigir ni vencedores ni vencidos, otorgando a cada cual lo suyo». Materia civil. (Me responsabilizo por ratificarme en este concepto, concebido al inicio de mi carrera de Derecho).

En el campo punitivo también requieren de esas dotes quienes van a juzgar, con la convicción inequívoca sobre la responsabilidad del reo y la obligación de la reparación razonable por los daños causados a las víctimas, con estricto apego a las normas preestablecidas a través de consensos ciudadanos y promulgadas en los estamentos oficiales, convertidas en leyes obligatorias para todos los miembros de una comunidad.

Yo sé que muchos valores como el recto proceder y la honestidad fluyen por nuestras venas, y esas herramientas te ayudan a vencer cualquier obstáculo en la vida; te enseñan a separar el trigo del abrojo. Vamos, pues, con el «pan de cada día», que nos alimenta y nos hace más nobles.

No dejaré de felicitarte por tus notables esfuerzos para tu profesionalización.

Hasta siempre, tuyo.
Salomón, 17-06-2021
«3.ª Era Media del *Homo rationalis*».

PALABRAS DE RECONOCIMIENTO POSACCIDENTE DE TRÁNSITO (2020-2021)

Así me siento: más que una gota de agua en el océano, parte del todo, como ha sido mi sueño. Nosotros somos felices porque no tenemos espacio para otro fin que no sea el bien común, con el «corazón como bandera y el amor como faro del mundo».

O. S. P. LL., Tonsupa, 31-08-2021

A propósito del mensaje de Mario, estuve tan emocionado que me olvidé de mí. Recién llegado a Tonsupa, pero no en calidad de anfitrión; así es la vida. En cuanto a mi estado de salud, ha sido un éxito, tomando en cuenta la gravedad del acontecimiento. No se puede expresar fácilmente el reconocimiento y gratitud que se merecen. Gracias a todos por permitirme gozar de sus grandezas y, de manera especial, por enseñarme el verdadero valor de la unidad. Descubrí la entrega y solidaridad de todos y el inmenso amor y fortaleza de mi Mary Cruz. Ojalá me quede vida para corresponderles.

Quizá me resulte difícil describir cómo se siente volver para quedarse con ustedes, queridos míos.

31-07-2021

XX
FORMACIÓN ACADÉMICA, SUEÑOS HECHOS REALIDAD

1. Conservatorio Nacional de Música. 1965-1972.

   Siete años de trabajo tesonero, bien invertidos en las cátedras de canto, contrabajo, piano, historia y teoría de la música, lectura y escritura. Autodidacta en armonía y composición, dirección coral y guitarra.
2. Bachillerato en Ciencias Sociales. 1974. Colegio Nacional Nocturno General Rumiñahui, Quito.
3. Licenciatura en Ciencias Sociales y Públicas. 1984. Universidad Central del Ecuador, Facultad de Jurisprudencia.
4. Doctorado en Jurisprudencia y abogado de los juzgados y tribunales de la República. 1989. Universidad Central del Ecuador, Facultad de Jurisprudencia.

OTROS

5. Diploma conferido por la Facultad de Jurisprudencia, Instituto del Derecho del Trabajo y Asociación Escuela de Derecho de la Universidad Central del Ecuador, en el II Ciclo de Conferencias sobre «El derecho laboral en el Ecuador». 1981.
6. Diploma conferido por la Facultad de Jurisprudencia y Asociación Escuela de Derecho de la Universidad Central del Ecuador, en el «Primer Encuentro de Pro-

fesores del Área Penal de las Universidades del Ecuador», como docente en la cátedra de Procedimiento Penal, para el cuarto curso de la Escuela de Derecho. 1981.

7. Diploma conferido por la Facultad de Jurisprudencia, Ciencias Políticas y Sociales de la Universidad Central del Ecuador y el Instituto de Estudios Penales, «II Encuentro Penal y Criminológico del Ecuador». 1982.
8. Diploma conferido por el Ministerio de Educación y Cultura y el Instituto Nacional del Niño y la Familia, programa nacional «Escuela para padres», en calidad de facilitador del Colegio Carlos Zambrano. 1982.
9. Diploma conferido por la Universidad Central del Ecuador, Facultad de Jurisprudencia, Ciencias Políticas y Sociales y el Instituto de Criminología, en el trigésimo quinto curso internacional de Criminología «Alcohol, drogas y criminología». 1984.
10. Diploma otorgado por el Comité de Educación de la Cooperativa de Ahorro y Crédito San Francisco de Asís Ltda. 1985.
11. Diploma otorgado por la Universidad Central del Ecuador, Facultad de Jurisprudencia e Instituto de Criminología, en el II Curso Nivel de Posgrado de Criminología y Psiquiatría Forense. 1986.
12. Diploma conferido por la Universidad Central del Ecuador, Facultad de Jurisprudencia, Ciencias Políticas y Sociales, «Por haber culminado los seis cursos de estudio en la Escuela de Derecho, promoción 1985-1986».
13. Diploma de Honor conferido por el Consejo Directivo del Colegio Nacional Experimental Carlos Zambrano Orejuela, «En reconocimiento a su importante labor por la composición musical del Himno del Colegio y

que ha merecido la entusiasta acogida del personal directivo, administrativo y alumnado del plantel». 1986.

14. Diploma de Honor concedido por el Consejo Directivo del Colegio Nacional Experimental Carlos Zambrano Orejuela, «Al compañero profesor Salomón Poveda Llerena, como justo reconocimiento a sus valiosos servicios, desempeñados como auténtico maestro de nuestro colegio». 1988.
15. Curso Internacional de Propiedad Intelectual y Derecho Autoral para Jueces y Magistrados, Organización Mundial de la Propiedad Intelectual (OMPI), Suiza. Quito, 1988.
16. Certificado del Colegio de Abogados de Quito que acredita al Dr. Salomón Poveda Llerena como afiliado N.º 3091. 1989.
17. Diploma de Honor otorgado por el Liceo Municipal Técnico Experimental Fernández Madrid, por la valiosa participación y colaboración prestada en el sexagésimo aniversario de fundación. 1989.
18. Diploma conferido por el Ministerio de Educación y Cultura, Subsecretaría de Cultura, Organización Mundial de la Propiedad Intelectual y Corte Suprema de Justicia del Ecuador, por su participación en el Seminario de Derechos de Autor y Derechos Conexos para Jueces y Magistrados del Ecuador. 1994.
19. Invitación especial para participar en el X Congreso Internacional sobre la protección de los Derechos Intelectuales, organizado por la Organización Mundial de la Propiedad Intelectual (OMPI), la República del Ecuador y el Tribunal de Justicia del Acuerdo de Cartagena. Quito, 1995.
20. Nombramiento como asesor jurídico de la Cooperati-

va de Ahorro y Crédito del Colegio Experimental «24 de Mayo». 1996.

21. La Dirección Nacional de Educación y el Instituto Nacional Mejía confieren certificado al Dr. Salomón Poveda Llerena por su participación en el «Primer Encuentro de Maestros de Historia del Ecuador, por una educación de calidad al servicio del pueblo». Quito, 1999.
22. Diploma conferido por el Colegio de Abogados de Pichincha y el Departamento de Cultura, por su valiosa participación y colaboración en la XII Exposición de Arte, Música y Poesía. Quito, 2002.
23. Certificado conferido por el Colegio de Abogados de Pichincha y el Centro de Mediación de la Función Judicial, por su participación en las Primeras Jornadas sobre Mediación. Quito, 2003.
24. Tribunal Internacional de Conciliación y Arbitraje Mercosur/ALCA. Salomón Poveda participó en el XV Curso Internacional de Especialización para la Formación y Entrenamiento de Consultores y Árbitros Internacionales CAN-Mercosur-Nafta-ALCA, que acredita 40 h cátedra; aprobado el cumplimiento de las exigencias académicas y evaluativas, se le otorga el certificado de Consultor y Árbitro Comercial Internacional.

Quito, Ecuador, 12 de septiembre de 2003.
(Medalla Árbitro)

XXI
CRÉDITOS EN CARGOS Y RECONOCIMIENTOS

1. Primer lugar, premio, en el Festival de Música Nacional, Delegación Casa de la Cultura de Quito, Machala, 1968.
2. Primer lugar, premio, Festival Internacional de Música Latinoamericana. Representación nacional, Grupo Lírico Universitario, Caracas, Venezuela, 1969.
3. Presidente de la Sociedad de Autores y Compositores «SAYCE», Núcleo Pichincha, 1980-1990.
4. Presidente de la Asociación de Profesores, Funcionarios y Empleados del Colegio Experimental «24 de Mayo», Quito, 2000-2002.
5. Fundador y director de la Rondalla de Profesores del Colegio «Fernández Madrid», 1985.
6. Fundador y director de la Fundación Coral UNESCO, Décimo Quinto Aniversario, 2005.
7. Profesor de Educación Musical, de Ciencias Sociales, miembro del Consejo Directivo y Rector encargado del Colegio Nacional «Carlos Zambrano Orejuela», 1972-1987.
8. Presidente de la Fundación para el Desarrollo Urbano Rural Marginal «FUDURMA», 1998-2003.
9. Representación nacional en el Festival Internacional de Coros Juveniles, Santiago de Chile, 1995.
10. Cofundador y director del Grupo de Canción Popular

«Noviembre 15», 1970-1980.

11. Fundador y director del Coro Juvenil «Colegio de América», 1982-1984.
12. Fundador y director de la Banda Sinfónica Juvenil «24 de Mayo», 1989.
13. Fundador y director del Coro Juvenil «24 de Mayo», 1995-2013.
14. Miembro del Directorio del Colegio de Abogados de Pichincha.
15. Nombramiento como Juez Segundo de Tránsito de Quito, 1994.
16. Condecoración por el Vigésimo Quinto Aniversario, Colegio de Abogados de Pichincha, 2015.
17. Homenaje por servicios prestados a la «SAYCE». Pergamino, 1985.
18. Homenaje por servicios prestados, Colegio Nacional «Carlos Zambrano Orejuela», 1985. Diploma.
19. Homenaje por la musicalización del Himno al Colegio «Carlos Zambrano Orejuela» de Quito, 1986. Diploma.
20. Homenaje por la musicalización del Himno al Colegio Nacional «Los Shyris», 1987. Diploma.
21. Condecoración por servicios prestados en el Magisterio Nacional, Ministerio de Educación del Ecuador, 2013.
22. Homenaje por el Día del Maestro, Coro Juvenil «24 de Mayo». Varios diplomas.
23. Homenaje por XXV aniversario de servicios, Colegio Experimental «24 de Mayo». Diploma, 2008.
24. Homenaje por XXV aniversario de servicios, Asociación de Profesores del Colegio Experimental «24 de Mayo», Quito, 2008.

XXII
SERVICIOS COMO PROFESIONAL DEL DERECHO

1. Comité del Pueblo

Desde el año 1968 acompañé a un grupo de compañeros dirigentes populares en la formación de la organización que tuvo como objetivo la solución de vivienda para sectores de escasos recursos económicos: vendedores informales, trabajadoras domésticas y obreros de la construcción. Casi todos eran campesinos migrantes, sin vivienda y sin protección legal en sus actividades. El proyecto en mención se desarrolló al norte de Quito, en predios baldíos de terratenientes de vieja data que habían despojado las tierras a sus dueños originarios y las mantenían abandonadas.

La pretensión inicial fue la toma de tierras, sin reconocer ningún valor, habida cuenta de que los dueños, entre los Del Hierro, entre otros, habían «adquirido» los predios en forma fraudulenta. La respuesta del pueblo explotado fue abrumadora; poco a poco se iban sumando hasta que, luego de largas y penosas luchas contra el poder y su fuerza pública, que defendía a los terratenientes, se congregaron más de treinta mil personas, dispuestas a todo, basadas en su derecho y en la seriedad de sus dirigentes.

Cuando creció el interés por la tierra y la población se hacía más numerosa, se produjo un quiebre drástico entre la organización política que dio origen a estas reivindicaciones y los dirigentes a cargo del proyecto. Estos dirigentes deshonestos prefirieron el repudio de la organización para alzarse con el proyecto en su beneficio, de forma «independiente». Entonces empezó otra historia: todos los que reprochamos la actitud de los deshonestos, estudiantes universitarios de las facultades de Arquitectura, Ingeniería Civil, Sociología, Derecho, Filosofía y Letras, y muchos dirigentes estudiantiles, fuimos expulsados violentamente por los «dueños» del Comité del Pueblo.

Con falsas acusaciones consiguieron el apoyo de los miembros del comité, quienes se dejaron explotar económica y políticamente. Luego organizaban asambleas, obligaban al pago de «cuotas» y cobraban multas sin rendición de cuentas. Por otra parte, realizaban alianzas estratégicas con organizaciones políticas, especialmente en tiempo de elecciones.

Por las desviaciones anotadas, sumadas a la presión de los dueños de la tierra, que contaban con el apoyo de los gobiernos de turno, terminaron por negociar el precio de los predios y fueron obligados a entregar títulos de propiedad, luego de transformar la organización en la Cooperativa del Pueblo, con personería jurídica, pero con los mismos bandidos en la cúpula, que terminaron siendo dos. Al final, luego de un lapso aproximado de veinte años, el comité terminó bajo el control de un solo amo y señor, innombrable, ante quien los beneficiarios debían peregrinar debido a las trampas inventadas para alargar la entrega de títulos.

El Comité del Pueblo se transformó en ejemplo y detonante para que otros sectores desposeídos se organizaran para conseguir su objetivo de solucionar la carencia de vivienda. Se pueden mencionar varios, como La Bota, adyacente al comité; Pisulí, al noroccidente de Quito; Solanda, al sur, entre otros.

2. FUDURMA, proyecto emblemático orientado a la solución de vivienda y uso de la ciudad

En el año 2000 inició su vida jurídica la Fundación para el Desarrollo Urbano Rural Marginal (FUDURMA), con el propósito principal de coadyuvar en la solución de vivienda para campesinos que migraban del campo a la ciudad y, concomitantemente, para los sectores desposeídos que habitaban en los suburbios de Quito. Tuve el honroso encargo de presidir la organización durante el tiempo de su vigencia, sin alternancia por circunstancias ajenas a mi voluntad.

El proyecto se inició en la parroquia Chillogallo, en predios que habían pertenecido a una asociación agrícola, formados por lotes de una hectárea y media, en promedio. El ingenio de los compañeros proyectistas, Francisco Ordóñez Velasco, Milton Vargas Araujo, Silvio Venavides Ceballos, entre otros, hizo crecer la fama del proyecto, que llegó a vincular a mil familias, a las que se les entregó la posesión de lotes improvisados de 200 m^2 cada uno, con un valor que, transformado en dólares, significaba USD 80,00. Cabe anotar que a estos proyectos sociales se los repudiaba desde el ámbito del poder público, y su regularización se prolongaba injustificadamente.

En el curso del proyecto se produjeron hechos propios de trabajadores. Uno de ellos fue la consecución del líquido vital, el agua, cuya dotación era «imposible», según los técnicos del Municipio de Quito.

Un domingo, en una de las sesiones de la fundación, in situ, en las estribaciones de Chillogallo, a 3000 m de altura y con la presencia de funcionarios municipales, se produjo un hecho memorable. Luego de las explicaciones técnicas sobre la imposibilidad de avanzar con la legalización del proyecto, hizo uso de la palabra un miembro de FUDURMA y dijo: «Dénnos una semana y tendremos el agua aquí, en el proyecto». Muchos quedamos vencidos por la incredulidad; no sabíamos cómo se iba a producir ese supuesto milagro. Al siguiente domingo, para sorpresa y admiración de muchos, el agua había llegado. ¿Cómo lo hicieron? Pues organizaron una minga, con pico y pala, formada por doscientos hombres, que se turnaron en grupos para el día y la noche, con el apoyo de las guarmis, encargadas de la preparación de los alimentos para los mingueros. Mientras se construía la acequia para el agua en Chillogallo, otro grupo construía un tanque de reserva para la distribución equitativa en el proyecto. No se supo con exactitud la longitud de la acequia, pero seguro superaba los diez kilómetros, desde el cerro Atacazo hasta Chillogallo. De esta forma se justificaba el respeto hacia los trabajadores.

Con grandes dificultades se consiguió la dotación de luz eléctrica en la mayoría de lo que se denominó «franjas», es decir, los lotes individualizados originalmente, en los cuales se implantaron lotizaciones de 200 m^2 por lote.

Se planificó la organización de comités barriales, a fin de que pudieran trabajar de forma independiente, y con ese propósito se les entregaron poderes especiales y la documentación necesaria para que tramitaran la legalización de sus directivas ante las autoridades municipales. Las trabas burocráticas, que se tornaron crónicas, han derivado en delitos penales bajo el argumento de frenar el «tráfico de tierras», y aún luchan los dirigentes barriales por la legalización de sus predios, luego de transcurridos veinticinco años.

Los hechos imprevistos no se hicieron esperar. Primero, la falta de interés en el accionar de la fundación: desaparecieron sus integrantes y, con la entrega del proyecto a los beneficiarios, se consideró que FUDURMA ya no tenía injerencia en el mismo. Luego empezaron las pugnas por la dirección del proyecto, que en algunos casos se tornaron insuperables, al punto de que, sin hallar solución, acudieron a mi despacho profesional para solicitar mi intervención, habida cuenta de que el Ministerio de Inclusión Social, un juzgado de lo Civil de Pichincha y el Municipio de Quito continuaban nombrándome como representante legal de FUDURMA. Esto ocurría en el año 2022.

Mientras se buscaban soluciones, sufrí un ACV (accidente cerebrovascular), por lo que tuve que ser internado de urgencia en el hospital HCAM y perdí el contacto con las personas con las que se planificaba la vigencia de FUDURMA, principalmente porque existían varios problemas en curso, como la conclusión de un proyecto en un lote de terreno de propiedad de la fundación para el pago de impuestos prediales atrasados. Debido a la gravedad de mi estado de salud, se cerró mi despacho profesional y ese fue el final del proyecto FUDURMA en Chillogallo.

Antes del accidente mencionado, asesoré otros proyectos de vivienda:

3. Cooperativa de Vivienda 26 de Julio de la Policía Metropolitana

Este proyecto se desarrolló en la Loma de Puengasí, cantón Quito, para ochenta miembros de la Policía Metropolitana, en terrenos donados por el Distrito Metropolitano de Quito. Mi vinculación se produjo por invitación de los dirigentes de la cooperativa, don Segundo Días y Edgar Estrada, mi fraterno y compañero de toda la vida, a quien llamaba con afecto «mi Sancho», por su lealtad incondicional.

La pertenencia de los terrenos al Municipio de Quito fue factor determinante para el éxito del proyecto, que se concluyó con la entrega de títulos de propiedad sin injerencia de ningún funcionario municipal. Se entregaron lotes de 200 m^2, con servicios básicos. Año 1992.

4. Monte Sinaí

Este proyecto de vivienda se inició en la provincia del Guayas, en el predio La María, en 2005, liderado por los dirigentes Israel Borja Moya e Incito Ortiz, y agrupó a doscientos campesinos marginados. Debieron afrontar duras y prolongadas batallas, pues tenían como rival a Toral Salamea, interesado en el mismo predio, conocido por sus acciones *non sanctas* en contubernio con funcionarios corruptos del Municipio del Guayas. A pesar de la distancia, hacían esfuerzos por contar con mi asesoramiento profesional y mi experiencia en el tema. Finalmente, negociaron con el mencionado seudodirigente y lograron consolidar su proyecto, que debió seguir una ruta informal ante la consabida ausencia del poder público.

5. Cooperativa de Vivienda «La Pradera», parroquia Calderón, Quito, DM, 2016

El común denominador de quienes realizaban estos negocios era el control total de los proyectos: eran oficinistas, vendedores, tesoreros y presidentes de las lotizaciones, y el dueño de las tierras de La Pradera no era la excepción. Luego de realizadas las «ventas» de los lotes, es decir, cobrados los valores, seguía presidiendo las asambleas y dilatando la escrituración oficial o transferencia de dominio.

En esas circunstancias recibí la invitación de los dirigentes, señores José María Gualpa y José Martínez, presidente y tesorero del comité barrial. La intransigencia inicial del vendedor se atenuó con una sola reunión, en la que se le hizo saber que recibir dinero con la promesa incumplida de entregar la propiedad del inmueble constituye un delito penal. Esta realidad hizo posible la transferencia de dominio a favor del Comité Barrial «La Pradera».

La dotación de servicios básicos por parte del municipio siempre constituyó una tarea difícil, pero el proyecto contó con dirigentes muy agenciosos, quienes no tardaron en contratar dichos servicios con las empresas respectivas, incluido el servicio de telefonía fija. Se aprovechó al máximo la ubicación favorable del proyecto, por hallarse dentro del perímetro urbano y contar con ordenanza favorable.

Una vez concluidos los trámites técnicos y jurídicos, y estando listos para las escrituras de traspaso de dominio de los lotes individuales, intervino el gobierno de triste recordación, el «correato», para promover la figura de su líder «R. C.», realizando su consabido show de «entrega de títulos a trescientas familias» en la parroquia Calderón, al norte de Quito. Los miembros del proyecto no se sintieron sorprendidos: los desafueros del autoritarismo eran ampliamente conocidos. O aceptaban el show o se sometían a las consecuencias, pues el municipio y sus dependencias se hallaban bajo dominio gobiernista.

En medio de esa confusión se realizó una asamblea general de socios con resultados conmovedores. Por unanimidad se resolvió reconocer la labor del asesor jurídico de la organización, mantener los acuerdos con el mismo y, luego de cumplido el objetivo de los miembros de «R. C.», continuar con las labores programadas hasta la conclusión del proyecto. Hago público mi reconocimiento a todos sus miembros por el respeto y la seriedad demostrados hacia mi persona.

6. Comité Pro Mejoras de «Llano Grande», parroquia Calderón, cantón Quito, DM, 2017

Por coincidencia, su presidente era un antiguo amigo, a quien conocí en circunstancias adversas, cuando se hallaba privado de su libertad por haber adquirido un vehículo con denuncia de robo en una feria libre. Don Willan Jadán presidía el comité y solicitó mi asesoramiento legal para el proyecto.

Se trataba, sin duda, de un trabajo y servicio a la comunidad en el que me sentía como pez en el agua, e iniciamos el proceso con el apoyo de cincuenta miembros. Sin embargo, durante el desarrollo del proyecto ocurrieron actos desleales hacia su presidente, por lo que, en solidaridad con el perjudicado y luego de conseguir el traspaso de dominio a favor del comité mediante escritura global, decidí retirarme del proyecto, manteniendo relaciones respetuosas con los socios, con excepción del sujeto disociador, quien fue posteriormente reprobado. Aunque hubo gestiones para que retomara mi trabajo, ya no fue posible debido a los hechos anotados y a la carga laboral en mi despacho profesional.

XXIII
QUITO «LUZ DE AMÉRICA», LUGAR DONDE MIS SUEÑOS SE HICIERON REALIDAD

Ciudad de gente buena, generosa, respetuosa y amable, con notables dotes de solidaridad; aquí creo haber cumplido mis deberes como ciudadano con «COMPROMISO SOCIAL»; creo haberme formado en ella, ejerciendo los derechos que me corresponden y con total respeto «al derecho ajeno»; siempre alineado con la justicia, la equidad y la libertad. En mis primeros tiempos no frecuenté ningún otro lugar que no esté relacionado con mi formación intelectual; las bibliotecas fueron los lugares preferidos, al punto que las señoras bibliotecarias, sin excepción, no dudaron nunca de mi honradez y me facilitaron los textos de mi elección, solo a cambio de mi cédula de identidad; sin alarde puedo decir que no recuerdo exceso alguno en el uso de la ciudad y sus lugares de esparcimiento. Me complace citar los sitios frecuentados como los cerros del Pichincha; los balnearios del «Yavirác» en el Panecillo; «El Tingo»; «La Merced»; «Cunucyacu»;[11] «San Antonio»; «Pomasqui»; los baños de «La Tola».

Tuve el honor de haber actuado como artista músico casi en todos los escenarios de la ciudad, como el emblemático «Teatro Sucre»; «Variedades» (Plaza del Teatro); «Teatro Nacional de la Casa de la Cultura»; «Teatro México»; «Teatro Cine Espejo»; «Teatro Universitario»; «Teatro La Merced»; teatros de los colegios «San Gabriel»; «Benalcázar»; «Einstein»; «Alianza Americana»; «24 de Mayo», quizá el más frecuentado

11 Lugar de agua caliente.

con mi inolvidable «Coro Juvenil», porque allí presté mis servicios como docente por más de treinta años. Realicé actuaciones en las plazas de «San Francisco», «Santo Domingo», «Plaza del Teatro», «Av. de los Shyris», «Plaza América», «Concha Acústica de la Villa Flora», en varios centros comerciales y para organizaciones de obreros y, especialmente, en conflictos de resistencia a inequidades en las relaciones obrero-patronales. Fuera de Quito realicé actuaciones en muchas ciudades del país, como Guayaquil, Machala, Manabí, Loja, Cuenca, Ambato, Riobamba, Esmeraldas, Lago Agrio, Ibarra, Otavalo, entre otras.

De manera especial cito los lugares queridos donde viví y compartí con amigos y familias entrañables:

—UNO, calle Pereira y Montúfar, vivienda de don Vinicio Bastidas, coterráneo, amigo entrañable, leal y generoso; no puedo olvidar los lugares queridos de mi amigo, como el popular «ROXI», ubicado en la esquina suroriental de la Plaza de Santo Domingo, negocio gerenciado por guarandeños y que prestaba varios servicios: hotelería, restaurante, bar y salón de juegos, dotado de la famosa «rocola» de esos tiempos; allí consumía casi todo su tiempo libre luego de sus labores como empleado del antiguo «Central Técnico», donde formaba parte del personal del comedor estudiantil. A esos lugares concurrí un par de ocasiones como invitado especial de «don Vini», como lo llamaban con mucho afecto; excepción hecha para los partidos de la L. D. U., institución en la que prestaba servicios informales como parte del personal de utilería. Para mi satisfacción, terminó como asistente y compañero de trabajo en mi despacho profesional (08-1965-2020).

—DOS, barrio Belisario Quevedo, «La Libertad», por un breve lapso entre octubre y diciembre del 65, hasta recuperarme del robo de todas mis pertenencias ocurrido en la vivienda de la Pereira, mientras pasaba mis vacaciones en Simiátug.

—TRES, una vez enterados del acontecimiento, mis primeros amigos artistas, entre ellos los hermanos Cadena, con Washington (Washo), el más cercano, me vincularon con la familia Morales, dueña de una casa colonial ubicada en la calle Barahona y Ambato, centro de la ciudad, y de un negocio familiar: la panadería Ambato. El núcleo de aquella familia se formaba por siete miembros: cuatro adolescentes, Lolita, América, Marco y Mario, y tres adultos: doña América, Laura y Enrique, este último artista, cantor de música popular que la realizaba de forma casual con sus amigos y allegados. Doña Laura gerenciaba el negocio familiar, la panadería Ambato, que abastecía a casi todos los negocios del centro colonial relacionados con restaurantes, heladerías, panaderías y pastelerías, además del pensionado del Normal «Juan Montalvo».

Con mucha cordialidad hicimos un trato informal y muy amistoso: ellos me facilitarían una habitación con servicios básicos, acceso a las demás instalaciones de la casa como baño y lavandería y, además, me proveían de desayuno y del café de la tarde; no olvido el jarrón de chocolate o café con leche y el ¡molde! de pan caliente con la tradicional «nata». Por mi parte me comprometía a repartir el pan para el pensionado «Juan Montalvo», que se ubicaba entonces en el barrio «El Tejar», suroccidente de la ciudad; esta actividad la realizaba a las 5:30 h, de lunes a viernes, asistido por trabajadores que transportaban el pan en grandes «canastas». Adicionalmente me encargaron la recaudación de los valores en todos los negocios del centro de la ciudad que recibían el pan por las mañanas; esta tarea la realizaba a partir de las 16:00 h. Cerramos el trato con mucha armonía y empezó un lazo de amistad y respeto que duró aproximadamente cuatro años consecutivos (1965-1969).

Luego de unos meses, durante nuestros diálogos, me comentaron que necesitaban una persona que se encargue del reparto del producto (pan caliente); entonces surgió la idea de incorporar a dicha tarea a mi hermano Edmundo, quien estaba iniciando sus estudios secundarios en Ambato; él es menor que yo por cinco años. Al respecto no tuvimos ningún inconveniente y en cuestión de días estuvo en las labores, que consistían en el reparto mencionado, iniciado igualmente a las 5:30 h, de lunes a viernes; también a él le asignaron un dormitorio con un pequeño cuarto de estudios; por cierto, las condiciones fueron similares. La compañía de mi hermano fue muy grata y duró cuatro años; se matriculó en la sección nocturna del Colegio Nacional «Montúfar», en la especialización de Contabilidad. Debo anotar que nos parecemos mucho, por lo que nuestros amigos y allegados nos tenían por gemelos; nuestros almuerzos los realizábamos en uno de los restaurantes del centro colonial, donde existía la modalidad de tarjetas con treinta comidas por mes; a veces tomábamos nuestros alimentos a las 16:00 h, que coincidía con el recorrido del bus que iba al colegio de mi hermano.

Su retorno a la ciudad de Ambato, donde se estableció nuestra familia, coincidió con mi incorporación al Magisterio Nacional. Ese acontecimiento feliz cambió mi forma de vida de manera radical y exigía una nueva vivienda, ya que se terminaba mi vínculo con la familia Morales, cuya relación, por los factores de respeto mutuo, es inolvidable; fueron similares a una verdadera familia. Los pequeños me llamaban «tío» y uno de ellos, el adolescente Marco Morales, se hizo maestro normalista como su tío; estudió en el «Juan Montalvo». Al finalizar nuestra relación fraternal, la despedida fue conmovedora, hasta las lágrimas.

—CUATRO, luego de la Barahona me mudé a la «Loma Grande», calle Rocafuerte, cerca de la «Mama Cuchara», también llamada «Barrio Obrero»; fue otra casa colonial que administraba una connotada maestra de apellido Llaguno. Opté por aquella vivienda porque se ubicaba a pocas cuadras del terminal de transporte terrestre «Cumandá», desde donde me trasladaba cada mañana a la ciudad de Machachi, cantón Mejía, para cumplir mis labores de profesor-inspector en el «Colegio Nacional Machachi», nombramiento extendido por el Ministerio de Educación (1968).

—CINCO, mi siguiente vivienda fue otra casa colonial en la calle Mejía y Guayaquil, por invitación de la familia chilena Williams Barraza, arrendadora de dos enormes plantas del edificio. El vínculo con la familia se produjo en el Coro del Ministerio de Educación, en los años setenta; en dicha organización participaron tres hermanas: Lita, Lucy y Sarita, con quienes tuvimos un vínculo fraternal. Luego me presentaron a sus padres, doña Judith y don Rodrigo, artista músico trompetista, director del «Circo de los Hermanos Williams», que había cesado en sus funciones antes de radicarse en Quito. Nos identificamos por las artes y luego me ofrecieron albergue en su casa; allí viví aproximadamente dos años (1970-1972), en un ambiente de mucha camaradería con la familia Williams y con los jóvenes que huían de Chile por la alevosía del dictador Pinochet.

Dos años antes, en el 68, experimenté un episodio que desdibujó mi prestigio y buen nombre ganados con esfuerzo y prolijidad sobre mis actos. Un día de ese año alguien tocó mi puerta y, con tono firme y severo, me exigió que le acompañara, sin explicarme el motivo ni el lugar; intuía que algo importante ocurría y asentí en acompañarle. Una vez en el lugar me hizo saber quién era y de inmediato inició su interrogatorio: ¿conoce usted a la señorita?, señalando a una dama que se exhibía en el centro de la sala, en notorio estado de gravidez avanzada. Le respondí que sí; entonces, «debe hacerse responsable de sus actos», me dijo. Ante lo cual respondí con firmeza e indignación, debido a la forma arrogante de esa familia y a la deslealtad de la señorita, quien pretendía que asumiera un hecho que para mí representaba una responsabilidad que desnaturalizaba mi proyecto de vida; que oportunamente sabría responder como corresponde a un hombre de bien, pero que en ese momento y en esas circunstancias nadie me obligaba a nada.

De forma urgente y con la correspondiente indignación, tomó acciones mi maestra Hilda Olguizer, directora del grupo, y comunicó el incidente a su esposo, el Dr. Pedro José Larrea, secretario de la Presidencia de la República.

Transcurridos dos años tomé contacto con el grupo de profesionales del Tribunal de Menores: una doctora médica, una trabajadora social y una maestra educadora, a fin de que realicen un estudio del entorno familiar del niño a quien habían inscrito con el nombre de Luis Rogelio. Luego de conocido el informe del equipo técnico del tribunal supe que el niño pasaba prácticamente abandonado, pues la persona encargada de su cuidado era una joven de muy precaria formación en todos los aspectos. La recomendación del equipo técnico fue que debía darle al niño la protección que estuviese a mi alcance y que, según los estudios realizados, no había indicios de que otra persona tenga responsabilidad con la paternidad del menor; sin embargo, yo debía decidir sobre la práctica de un examen de ADN. Con esos antecedentes decidí reconocer legalmente al menor y opté por acercarme al pequeño y conocer su forma de vida.

Por el informe del equipo técnico del tribunal estuve informado de dónde se ubicaba su residencia; de esa forma pude constatar el abandono en que se encontraba Luis Rogelio. Según el relato de los vecinos, pasaba horas fuera de la vivienda y, de no ser por la actitud caritativa de las señoras que atendían sus negocios en el lugar, quizá ya no se sabría del menor. Entonces presenté una queja formal ante el tribunal, responsabilizando al juez sobre las consecuencias que puedan sobrevenir como resultado de la inacción de la autoridad que tiene la obligación de velar por el «interés superior del menor». También se le hizo saber sobre la «patria potestad» que me correspondía, por cuanto realicé el trámite formal de reconocimiento en el Registro Civil, con la partida correspondiente. Con la citada queja y con la influencia del Dr. P. J. Larrea se previno a la madre del menor, a través de una providencia del tribunal, que si no se hacía cargo de manera inmediata de la protección del menor perdería la patria potestad y se le ubicaría en un centro de acogida; de esta forma se consiguió que el menor esté bajo el cuidado de su madre y de sus parientes más próximos de forma permanente.

La señora que arrendaba la vivienda a la madre del menor se presentó con actitud solidaria, facilitándome otra habitación en su casa para que pueda prestar mi apoyo a Luis Rogelio. Es de anotar que el reconocimiento paternal también influyó positivamente en beneficio del menor, ya que uno de sus tíos maternos me hizo llegar un reconocimiento expreso por el acto, haciéndome saber que en adelante no le faltarían las atenciones debidas a Luis Rogelio; efectivamente, la situación del menor cambió de forma positiva.

Llegada su edad escolar inició sus estudios en el Colegio Franciscano «San Andrés»; debido a mi interés por participar en su desarrollo solicité que me integraran al cuerpo docente de la institución y, una vez aceptada mi petición, presté mis servicios en el San Andrés. Para sus estudios secundarios le matriculé en el Colegio Nacional «Carlos Zambrano». Ya en su adolescencia tomó la decisión de culminar sus estudios secundarios en otro colegio, cuyo nombre no recuerdo. Recibió mi apoyo moral y económico hasta su mayoría de edad; ya como profesional ingeniero y funcionario del INAMHI tuve la oportunidad de asistirle como abogado para el reconocimiento que le debía dicha institución por un título otorgado por una universidad española.

Luego hizo su vida como buen padre de familia y sin ningún reproche en nuestra relación, dentro de lo que fue posible.

—SEIS, mi sexta vivienda fue el pensionado del Normal «Carlos Zambrano Orejuela», donde presté mis servicios como docente desde el año 1972; en ese tiempo ya realizaba mis estudios secundarios hasta su culminación en 1974. Un hecho anecdótico y bastante desagradable se producía al tener que descender desde la Panamericana Sur hasta el colegio, rutina que debía repetirse más o menos a las 23:00 h, luego de las clases en el colegio Rumiñahui, en Quito; el camino tenía una pendiente bastante pronunciada y el lodazal del invierno me obligaba a bajar casi todo el trecho de más de quinientos metros a rastras; luego llegaba a la ducha con ropa incluida. Dicho tormento se atenuaba con la acogida del maestro Armando Montalvo, quien, en compañía de varios alumnos del pensionado, compartía el «caldito de gallina» muy caliente; este hecho se repetía con mucha frecuencia.

—SIETE, también viví en otra casa colonial en la esquina suroccidental de las calles Cuenca y Sucre, Plaza San Francisco, por un corto tiempo, no más de seis meses, por razones de seguridad (1972). Este trajín de cambios de vivienda no debería ocurrir en condiciones normales, de no ser por mi actividad política, que requería precauciones puntuales para evitar contactos con «agentes del orden». Inolvidables son los sustos que hube de pasar en muchas madrugadas cuando alguien tocaba la puerta para impartir instrucciones: toc, toc, toc... «¡compañero!, no puede tener a la vista ningún texto o libro que le relacione con su formación ideológica»... (chao); «¡compañero!, le dejo la dirección a donde debe trasladarse de forma inmediata, en la puerta está un compañero para ayudarle»... (chao). He ahí la explicación; de otra forma se pensaría que ya perdí la cordura.

—OCHO, ciudadela «América», con dos amigos queridos, Omar y Nancy, estudiantes universitarios oriundos de la parroquia San Isidro, provincia del Carchi (1996-1997). Por cierto, Nancy terminó siendo maestra de Educación Musical; tuve la satisfacción de contribuir con mis conocimientos en la materia. Tampoco puedo olvidar el poncho blanco que tejió su abuelita para obsequiarme; disculpas por no recordar su nombre, pero su rostro y sus hábiles manos en el telar viven en mi memoria, así como mis agradecimientos a los padres de mis amigos entrañables. Aclaro que en esos tiempos y en esas condiciones era menester saber lo menos posible sobre la identidad de los compañeros y amigos, por cuya razón se conocía un solo nombre o apodo.

—NUEVE, ciudadela «Quito Sur», en la casa de mi gran amigo Galo Rosero, ingeniero civil graduado en la Central. Me conoció por mis tareas en el ámbito musical y en el momento oportuno me dio albergue en su residencia, junto a su madre doña Etelvina y dos hermanos, con quienes compartimos momentos de mucha confraternidad (1978).

El siguiente episodio tiene relación con las desavenencias surgidas con la madre de mis hijas María Verónica y María Salomé, quien tomó la decisión de apartarse de sus compromisos políticos de izquierda y se adhirió a una secta o corriente religiosa evangélica, hechos que desembocaron en la anulación total de las relaciones con mis adoradas pequeñas; ese fue el antecedente para que me refugiara de forma temporal en la casa de mi amigo. Tan solo me queda el recuerdo de haberlas acompañado en sus etapas educacionales hasta su profesionalización; luego las alejó su madre con actitudes difíciles de explicar, tratándose de personas civilizadas. Como todo en la vida, hay acontecimientos buenos y malos que surgen a veces sin querer; esta es una experiencia dolorosa e incomprensible, sin solución.

—DIEZ, La Kennedy. Allí empezó la nueva etapa de mi vida, ya como civil y con formas de vida convencionales; realicé un contrato anticrético con el señor Juan Robles, dueño de un pequeño departamento. Terminaba el año 98 y se producía un giro en mi vida política, cuyos detalles son para el olvido. A veces sufro reproches por mi otro «yo», por tantos años de trabajo incansable, por tantos empeños y momentos en que mi propia seguridad estuvo en grave riesgo; pero, en fin, fueron mis propias convicciones, por solidaridad, por justicia y libertad. Tengo la seguridad de que transité por caminos certeros; sin embargo, el éxito de un proyecto no depende de unos cuantos, sino de todos quienes se involucran para alcanzar sus objetivos, mismos que en nuestro caso fueron «terminar con el sistema neoliberal». La sensación posterior es terrible: se queda en el camino una parte de la vida misma y se necesita de manera urgente encontrar un refugio, el único posible, un núcleo familiar donde afincar mis amores y mis sueños. Se siente una enorme soledad y lo que más necesitaba era una familia.

Y, de pronto, como muchos actos en mi vida, como por arte de magia y debido a mis antecedentes de artista músico, conocí a la persona a la que con sinceridad absoluta le confié mis anhelos: ella es mi «Mary Cruz», la «brujita» Mercedes María Teresa Herrera Jaramillo, con quien escribimos una historia que dura cuarenta y cuatro años; dicho acontecimiento ocurrió a finales del 79. Para el 81 ya hizo su arribo el primer fruto de un amor incomparable, el «niño rey», Andresito; entonces el espacio se hizo pequeño y vino la siguiente vivienda.

Con los acontecimientos anotados se relaciona mi familia política, teniendo como base a la ejemplar pareja formada por el doctor Miguel Ángel Herrera García y doña María Genoveba Jaramillo Silva; Ing. Luis Enrique, su cónyuge Paquita Sáenz y familia; Eugenia Margarita y su cónyuge, el doctor Jorge Iván

Hernández Alomía y familia, entrañables compadres; Miguel Arturo, su cónyuge Betty Manuyama y familia; Diego Francisco, su cónyuge Isabel Donoso y familia; doctor José Leonidas, su cónyuge doctora Grace Cárdenas y familia; Pablo Gabriel, su cónyuge Natacha Charpentier y familia; Verónica de Lourdes, su cónyuge arquitecto Fernando Harb y familia; Pilar del Rosario, su cónyuge Fabián Paocarima y familia; Teddy y su cónyuge Karina Luna y familia, en cuyo núcleo he sentido valores como el respeto, el cariño y la solidaridad a plenitud.

—DÉCIMA PRIMERA, «Torres del Inca», un departamento confortable en un lugar acogedor y moderno, pero con una particularidad: se ubicaba en el quinto piso y eso representaba una enorme dificultad para quien ya esperaba otra maravilla, el niño Santos David. Hay que destacar que todos los días volvía de mi jornada laboral matutina, que realizaba en alguno de los tantos colegios particulares, y me partía el alma ver que mi querida Mary Cruz subía y bajaba cinco pisos no sé cuántas veces al día. En uno de esos días ocurrió un episodio imposible de olvidar: don Óscar Andrés se dio modos para desatar la seguridad que su madre había puesto en la aldaba de la puerta que daba acceso al balcón del quinto piso y, a mi llegada del mediodía, le encontré con sus dos manos sujetándose de las barandas y con un pie haciendo piruetas en el aire; entre las dos barandas había espacio para que pase un niño. Bajé del auto y no sé cómo volé hasta apretar en mis brazos a mi pequeño travieso; nunca más volvió a disfrutar de la altura sino en brazos de papá.

Recuerdo que para entonces ya tramitábamos la compra de nuestro departamento en uno de los proyectos de vivienda que ejecutaba el IESS y, luego de una dura batalla burocrática y plagada de corruptelas, se concretó la penúltima vivienda.

—DÉCIMA SEGUNDA, «La Luz» (1981). No se realizó la entrega-recepción del inmueble de la forma como debía realizarse; sin embargo, ya contábamos con el título correspondiente y, teniendo antecedentes de que otros condóminos ya se encontraban instalados en los departamentos que formaban el conjunto habitacional, tomamos la decisión de posesionarnos de nuestro departamento. Una vez llegados se formó una fiesta, con participación entusiasta de nuestros pequeños colaboradores, los infantes y adolescentes Herrera Jaramillo: Miguel, Diego Fco., José, Verito, Pablo, Pili y Teddy. Este hecho significaba una verdadera realización en nuestro proyecto familiar; nos sentimos llenos de dicha y en la espera de nuestra segunda estrella, Santos David, quien arribó el 18 de abril del mismo año. Ya con nuestro núcleo familiar completo vivimos veintiocho años en aquel lugar, con algunas transformaciones necesarias para suplir las necesidades de la familia.

Estos hechos tensaron aún más las relaciones con nuestros vecinos del departamento superior, que empezaron mal porque se habían encargado de repartir los espacios comunales según su conveniencia, apartándose de las cláusulas escriturales y no dudaron en presentar reclamos en las dependencias municipales sin justificación, ya que no se afectó en lo mínimo a sus derechos de condóminos; sin embargo, no desmayaron hasta conseguir el retiro de un antepecho construido sobre nuestra propiedad para impedir el paso a la parte posterior del departamento.

Transcurrido el tiempo, la reina de la casa emprendió la tarea de buscar una nueva vivienda; la razón principal era la incómoda relación con los condóminos del piso superior. La diferencia la hacían los demás vecinos, en particular la familia Rivera Buchug y los amigos de nuestros chicos, quienes, por cierto, mantienen una relación fraternal hasta estos tiempos. No dejaré de mencionar algo que siempre recordaré con cariño: nuestra mascota, un amor de todos, un *Golden Retriever* de nombre «Bruno», alegría de la familia, con quien compartimos una experiencia extraordinaria; además de nuestro espectacular capulí ambateño, frondoso y fructífero como él solo, que creció en el patio posterior de la casa y dio frutos permanentes para muchos.

Creo que fueron más de dos años de búsqueda de la Maryta; le acompañamos a muchos lugares sin resultados definitivos, hasta que llegó el día en que, guiados por nuestro Bruno, llegamos a la urbanización «Los Almendros», en Cumbayá, y sin más el Bruno se apropió de la cima del porche ubicado en la terraza de la edificación; llegó instintivamente por las gradas ubicadas en la parte posterior de la casa y desde allí miró feliz y extasiado hacia el jardín, muy amplio y lleno de vegetación y frutales. Entonces, sin dudar ni un segundo, decidimos empezar los trámites para la adquisición de la vivienda. La actitud de la dueña, doña Beatriz, una ejemplar señora, facilitó la compra, que se hizo realidad en el 2010.

—DÉCIMA TERCERA VIVIENDA, Cumbayá (2010). La mudanza tardó aproximadamente dos meses; fue el 24 de diciembre del año citado cuando emprendimos la difícil tarea de empacar. No teníamos idea de la cantidad de muebles, libros, vajilla y otros enseres acumulados durante la estancia en La Luz; luego de llenar un enorme camión nos sobraba carga para seis viajes en dos camionetas grandes, que transportamos durante toda la noche del 24 de diciembre de 2010. Fue una tarea para no olvidar, pero gratificante, porque era un sueño hecho realidad.

Luego de nuestro arribo a «Los Almendros» nos involucramos en la organización de los copropietarios, cuya convivencia caótica había durado toda una generación. Ofrecimos nuestra contingencia a un grupo pequeño de señoras y, luego de un proceso, conseguimos la credibilidad y colaboración del 90 % de ciento cuarenta familias que habitaban en la urbanización. Hay que destacar una gestión importante que habían realizado, a pesar de las disputas internas: la seguridad de la urbanización. Se hicieron cargo del mantenimiento de los espacios e inmuebles comunales, pero tenían serios problemas relacionados con el liderazgo, monopolizado por una sola persona, cuya gestión carecía de transparencia, principalmente en el ámbito económico.

En el lapso aproximado de dos años conseguimos la aprobación de un estatuto que rige la vida comunitaria, la obligatoriedad de los aportes económicos para el funcionamiento interno de la administración, una garita con guardias privados permanentes y la implementación de una pista para bicicletas y paseos peatonales. La urbanización está dotada de amplios espacios comunales; el parque principal tiene un área aproximada de 10 000 m^2 y cuenta con canchas de fútbol, de tenis, dos de vóley y baños modernos.

En varias ocasiones integramos y dirigimos el comité de copropietarios; en forma personal participé como abogado defensor en dos asuntos controvertidos con la Administración Zonal de Tumbaco del Municipio de Quito. El primero fue con relación a la «orden» impartida para que «en 24 horas permita la conexión de aguas residuales entre la urbanización contigua y un lote privado de Los Almendros»; la oposición formal presentada no pudo ser debatida por carecer de valor jurídico, pues se trataba de una servidumbre que se tramita en vía judicial y con los requisitos previstos en la ley. El segundo caso se trató de una «multa» impuesta a la señora Leyla Lizarzaburu, administradora de la urbanización, a quien se responsabilizaba de haber violado una norma del Código Municipal relacionada con el «uso del suelo»; dicha norma no podía aplicarse porque la norma pertinente era la de hace cuarenta años y porque las gestiones de administración y mantenimiento se realizaban por encargo de los copropietarios, sin más formalidades. Por lo cual la pretensión municipal no progresó; a fin de cuentas se trataba de una denuncia presentada por un vecino anónimo e indeseable que pretendía perturbar la convivencia colectiva. En adelante, la convivencia se ha normalizado.

LA NEGRA DENI´S
(*Bomba del Chota*)
Dónde está la negra Deni´s
llámenle a mi negra Deni´s
Dónde está la negra Deni´s
llámenle a mi negra Deni´s
El Chota está solo, Deni´s,
espera tu danza, Deni´s;
el sol te dibuja, Deni´s,
el sol te enamora, Deni´s.
Te vistes de oro, Deni´s,
el sol te enamora, Deni´s,
te vistes de oro al partir.
El sol te enamora, Deni´s,
te vistes de oro al partir…
Dónde está mi negra Deni´s…
(08-2024)

EL DÍA «D»
Hoy, ya reposado,
contemplo las olas del mar,
aprehendiendo de las gaviotas su rutina
de ir y volver a las mismas sedas;
después de todo, ellas vienen
con su programa incorporado.
Lo mágico del tiempo, en los procesos,
te permite pensar
y contemplar sin prisa

la belleza que la rutina
te robaba ese placer.
¡A esta hora!
Son muchos los momentos
en los que te detienes
para el balance auditor
que te indica que
has llegado.
Lo que viene es «lo de menos»
si depende de ti
ser auspicioso en lo que falta;
mas, en lo esencial,
¡es verdad que he llegado!
Entonces digo:
el día «D»
es como un verso
con tu nombre, «MARÍA»,
potencial recurrente
en mi camino;
has sido complemento de amor
en mi equipaje.
¡Gracias, amor!
(S. P. Ll. 2025)

¡Hija, hija!
Cuéntame cómo te va;
sabrás que esto de esperar
es un conflicto
entre tu esencia y la realidad.
No es posible entender
que algo irracional
te prive del amor paternal,

te robe la ilusión
de un te quiero,
te amo,
te conozco.
Sé que siempre vuelves;
quizá tú y yo
somos una gota de agua
en un suspiro.
Extiéndeme tu mano,
toma la mía
y estaremos en el mismo camino.
(S. P. Ll.)

TÚ Y YO

Somos como dos ríos,
cada cual con su origen,
cada cual con su cauce,
con un mismo destino:
fundirse en el mar
y para siempre.
(S. P. Ll.)

XXIV
COSMOVISIÓN. MINORÍA CON MEMORIA HISTÓRICA, CON RESPETO A LA DIVERSIDAD Y ESPERANZA DE CAMBIOS PROFUNDOS Y CERTEROS 2023

Si eliges el camino «equivocado» y vas a expresar públicamente tus postulados, aun a costa de herir susceptibilidades y provocar conmoción en las tradiciones, debes explicar razonablemente tu decisión, que ojalá un día se torne recomendable para las nuevas y modernas generaciones.

PRIMERO. Se debe considerar de dónde venimos. Es evidente que, por cuestiones de poder en las que se hallan ligadas la economía y la política, los poderes fácticos han trazado los caminos «certeros» e «infalibles» para la mayoría de la humanidad.

No te mencionarán en ningún programa educativo oficial que la única certeza comprobada es que nos hicimos, crecimos, nos reproducimos y morimos en la Madre Naturaleza, la «Pacha Mama». «Certeza para todas las vidas». S. P. Ll.

VIDA. Nombre femenino. D. L. E.

VIDA. Fuerza o actividad esencial mediante la que obra el ser que la posee. D. L. E.

VIDA. Energía de los seres orgánicos. D. L. E.

—¿Cómo se conceptúa a la vida?

—Condición que distingue a los seres orgánicos, caracterizada fundamentalmente por el crecimiento y por la capacidad de reproducción y de respuesta a los estímulos.

—En Biología, se define como vida a la estructura molecular autoorganizada capaz de intercambiar energía y materia con el entorno con la finalidad de automantenerse, renovarse y finalmente reproducirse.

—Capacidad de nacer, respirar, desarrollarse, procrear, evolucionar y morir.

—Filosóficamente, vida: el sentido de la vida está constituido por el sistema de objetivos que justifican a plenitud la existencia de un individuo, analizado en su totalidad ante sus propios ojos.

—NOTA AL MARGEN: «Existencia», ciclo comprendido desde el nacimiento hasta la muerte de un individuo. S. P. LL.

—POR SIEMPRE: «Mientras exista nuestro planeta o quizá nuestro sistema planetario». S. P. LL.

—ORIGEN Y EVOLUCIÓN DEL UNIVERSO. Teoría del *Big Bang*, la gran explosión. Es la teoría más extendida entre la comunidad científica actual. Fue propuesta inicialmente por Georges Lemaître (Bélgica, 1894-1966), sacerdote católico y científico, quien llegó a este modelo gracias a una filosofía realista y a la conjugación de razonamientos teóricos y observaciones astronómicas.

—LA TEORÍA ATÓMICA DE JOHN DALTON (Eaglesfield, Reino Unido, 1766-1844). Fue el primer intento completo para describir toda la materia en términos de los átomos y sus propiedades. Dalton basó su teoría en la ley de la conservación de la masa y la ley de la composición constante. Naturalista, químico, matemático y meteorólogo. Padre de la teoría atómica moderna.

—ORIGEN DE LA VIDA. La más antigua evidencia indiscutible de vida en la Tierra, interpretada como bacterias fosilizadas, data de hace 3.770 millones de años. La evidencia geoquímica también parece demostrar la presencia de vida hace 3800 millones de años.

—ORIGEN DE LA VIDA HUMANA. La hipótesis científica más aceptada sobre el origen de la humanidad es que la especie humana moderna, llamada *Homo sapiens*, surgió en África hace unos 200 000 años, tras un proceso evolutivo de millones de años. La vida probablemente comenzó hace unos 3800 millones de años, después de la formación de nuestro planeta.

—TEORÍA DE LA CREACIÓN, SEGÚN LA RELIGIÓN CATÓLICA. «La creación es un acto libre de Dios. Dios crea de la nada (*ex nihilo*); es decir, Dios, por su palabra y por un acto libre y espontáneo de su voluntad, atrae de la nada el universo entero. La aparición del hombre culmina el acto creador».

Si se realiza un análisis sobre las características de una verdadera teoría, o qué se entiende por teoría, se obtiene la siguiente explicación: «Las teorías son una explicación amplia para una variedad de fenómenos; incluyen muchas hipótesis y leyes y deben ser concisas, sistemáticas, predictivas y aplicables de manera amplia». Por lo dicho, la creación no cumple con los requisitos de una teoría.

—EVOLUCIÓN. Charles Darwin. Genética, replicación de ADN o ARN, condición esencial para la evolución.

—ORIGEN DEL HOMBRE AMERICANO. Probabilidades:

Continente asiático, estepas siberianas. Profesor J. Comas. Joseph Birdsell. Teoría clásica: pequeños grupos de seres humanos atravesaron el estrecho de Bering, Alaska, hace aproximadamente 13 000 años y viajaron hacia el sur desde Siberia, en época glacial.

Procedentes de Asia oriental, humanos modernos habrían viajado por la misma ruta hace aproximadamente 20 000 años.

Paul Rivet: múltiples grupos llegaron navegando desde Europa y poblaron América antes de Cristóbal Colón.

¿Por qué atravesaron los asiáticos hacia América? Seguramente se trató de un problema de supervivencia y de la búsqueda de una vida más confortable; usaron la ruta del extremo oriente de Siberia–Alaska–estrecho de Bering durante el período de la última glaciación.

Teoría de Méndez Correa, portugués. Ruta australiana: navegarían en pequeñas balsas hasta llegar a Tasmania, islas de Auckland y la Antártida; habrían llegado a Cabo de Hornos, Tierra del Fuego, y más tarde poblarían la Patagonia.

Semejanzas entre seres humanos de Asia y América, semejanzas antroposomáticas:

a. cabello lacio y oscuro;
b. ojos con pliegues mongólicos;
c. pómulos anchos y salientes;
d. dientes en forma de pala y poca pilosidad en el rostro.

Teoría migratoria de Alex Urdlich, checo.

Paul Rivet (1876-1958), etnólogo francés: migraciones desde Asia, Polinesia, Australia y

Melanesia; origen de la población indígena americana.

América del Norte habría sido poblada hace unos 15 000 años, según descubrimientos en las cuevas de Zacatecas, en el norte de México.

¿Cuáles fueron los alimentos de los primeros habitantes? Aguacates, pimientos, frijoles, peces, lobos marinos, ciervos y aves, entre otros (Perú, Huaca Prieta), hace unos 15 000 años.

Los primeros habitantes de la Tierra eran nómadas y se alimentaban mediante la caza, la pesca y la recolección de frutos silvestres.

Existieron en cinco continentes:

Oceanía

Australia
África
América del Norte
Centro y Sur América
Los habitantes americanos habrían llegado abandonando Asia hace unos 25 000 años; pasarían unos 10 000 años en territorios entre Siberia y Alaska, según estudios de varias universidades de EE. UU., británicas y de Londres.

¿Por qué migraron los primeros pobladores? La razón primordial habría sido el cambio climático.

Primeros datos sobre la agricultura: en varios puntos del planeta, como Mesopotamia y Egipto, se cultivaban trigo y cebada; en Mesoamérica, el maíz; y en el este de Asia, el arroz, hace unos 10 000 años.

Motivos para la migración:
—Mejores condiciones de vida
—Mercado mundial del trabajo
—Inequidad social y económica
—Violaciones de DD. HH.
—Cambios climáticos
—Conflictos y violencia
Esperanza de vida en América: 75 años promedio.
Océanos en el mundo:
—Pacífico
—Atlántico
—Índico
—Ártico
—Antártico
Asia es el mayor continente del mundo.

El Pacífico es el océano más grande del mundo (165 700 km^2).

CONCLUSIÓN

Sí, valió la pena haber emprendido un viaje algo mágico por largos años de mi vida. Aprendí mucho del valor de la perseverancia, por caminos derechos y con valores inmanentes de respeto, solidaridad y «compromiso social». Resulta gratificante poder recomendar a alguien que tenga un sueño y se arme de valor para alcanzarlo. Sigue adelante; piensa que la vida de cada individuo viene dotada de una luz que ilumina durante toda su existencia. Puede ser que encuentres buenos ejemplos, pero recuerda que eres un ser autónomo, dotado de inteligencia y que, si te esfuerzas por darle todo el valor a tus cualidades particulares y excepcionales de ser humano, podrás desafiar a la velocidad de la luz y poner a la razón y al conocimiento por sobre cualquier «temor» o sugestión sobre tu independencia y capacidad de raciocinio.

DR. Oscar Salomón Poveda Llerena
2024-2025

CAPÍTULO APARTE
URGENTE JUVENTUDES DEL PLANETA
¿POR QUÉ URGE UNA «NUEVA CULTURA» BASADA EN «LO JUSTO Y LO NECESARIO»?

Atención: todo lo que consta en estas reflexiones o consideraciones debe tomarse como ponencias susceptibles de modificación, según la pertinencia y el interés superior del colectivo.
¿QUÉ SE ENTIENDE POR JUSTO?
Véase:

1. Lo que nos corresponde, ya sea en forma individual o colectiva.
2. Lo que proviene de nuestros esfuerzos, sean materiales o inmateriales.
3. Los actos que no perjudiquen, primordialmente, a la naturaleza y a los demás seres habitantes del planeta.
4. En fin, todo cuanto contribuya al «bien común».

EN RELACIÓN:

1. ¿Dónde inicia, se desarrolla y fenece nuestro ciclo vital? En el planeta Tierra (*Pacha Mama*), la naturaleza. Entonces, nos detenemos a pensar: ¿cuántos recursos, de todo orden, contiene nuestro planeta?; por tanto, si venimos de la misma forma, con similares necesidades, ¿cuánto de esos recursos son necesarios

para satisfacerlas?; ¿cómo se desarrolla nuestra existencia en el planeta? He aquí el problema.

2. ¿Qué factores inciden en nuestro desarrollo? El sistema liberal, político, económico y social que rige nuestro entorno, basado en el poder que permite la apropiación forzosa de los bienes materiales e inmateriales provenientes del trabajo e ingenio de los seres humanos, y de todo cuanto se encuentra en la naturaleza y sirve para acumular poder económico y político. Pregunta: ¿estamos todos incluidos en el sistema? ¡No!, sería la respuesta contundente del 90 % de los terrenales.

Con las debidas excepciones de pocos pueblos que han instituido sistemas modernos, inclusivos y equitativos, basados en el respeto a la naturaleza como fuente de todo cuanto existe, al derecho y la justicia social, si no perfectos, sí aceptables en el ámbito de los derechos humanos, vemos cómo un grupo de aproximadamente el 10 % de «hermanos» nos ha llevado a un estado de destrucción de la naturaleza, poniendo en inminente peligro a todas las especies del planeta.

En contexto: como productos de la naturaleza, planeta Tierra, todo cuanto el H. S. ha podido o debido modificar se origina en el trabajo; «quítale» el trabajo y no tendrías objeto material de clase alguna; «quítale» el ingenio del H. S. y no tendrías creación inmaterial como las lenguas (idiomas, dialectos), alfabetos (letras), culturas, artes, ciencias, técnicas, tecnologías (*IA*).

Con objeto de resumir: H. S. refiere a *Homo sapiens*.

A.1. Cuando nos referimos a la naturaleza, estamos frente al planeta Tierra, en el que nos hicimos, nos desarrollamos, procreamos y, finalmente, morimos; vale decir que es indigno e inmoral no considerar el derecho de los seres que procreamos a contar con un lugar —casa, hogar— bello y privilegiado, dotado de todo cuanto podemos anhelar para lograr el fin: ¡ser felices!

1.1. Entonces, no es justo anteponer los intereses individuales o de pequeños grupos al interés general o colectivo (1 % contra el 99 %).
1.2. Si es verdad que no se cuentan con datos relativos al tiempo en el cual se ha formado el planeta Tierra —en millones de años—, sí existen estudios que dan cuenta del aparecimiento de la vida en el mismo: 3800 millones de años, aproximadamente.
1.3. El desarrollo de la vida humana: doscientos mil años, luego de millones de años de proceso evolutivo.
1.4. La especie humana como tal se desarrollaría en un lapso aproximado de doscientos mil años.
1.5. Si analizamos cómo la «vieja cultura» ha incidido en la «casi» destrucción del planeta, vemos que la capacidad de destrucción es tan inmensa que fácilmente superaría la velocidad de la luz; ecuación: en un millón de años la luz recorrería x km y, en cuatrocientos años, la luz recorrería x km. Es la relación.
1.6. Es irrefutable la certeza de que todo lo que hemos podido transformar proviene de la naturaleza, desde los instrumentos más rudimentarios —hachas, flechas, lanzas— hasta los cohetes interplanetarios y la inteligencia artificial (*IA*).

B.1. La comprensión de la «acumulación de la riqueza = capital» se torna fundamental a efectos de construir la «nueva cultura».

1.1. ¿Qué factores o medios, entre muchos, se han utilizado para la acumulación de la riqueza en pocas manos? (estimado: 10 % de la población beneficiaria).

1.2. El terror y la fuerza, desde el látigo, pasando por la persecución, la tortura, la discriminación y la muerte, institucionalizando las «fuerzas armadas» o «fuerzas del orden».

1.3. La política, con la cual han construido el poder, con la ficción de que todo lo que hacen es «normal», es decir, sustentado en leyes preestablecidas y «aprobadas por los pueblos», dígase consultas o referéndums amañados al antojo de los poderosos.

1.4. La educación, en todas sus fases; además de limitar al mínimo su acceso, el poder tiene capacidad para limitar también los contenidos o programas, con propensión al individualismo, penalizando la organización, la movilización y la protesta, en aras de la «paz y el progreso», todo por «el orden establecido». La pobreza y la ignorancia en la mayoría de los pueblos «justifican» la existencia del sistema.

1.5. Los medios de comunicación, con honrosas excepciones, son instrumentos eficaces para la desinformación a nivel interno y externo, fuentes de mentiras perniciosas con las que consiguen formar grupos antagónicos dentro de los colectivos, hasta llegar a engañarlos haciéndoles creer que tal o cual mandatario es el que les conviene y que son elegidos «por el pueblo» y «para el pueblo».

1.6. La religión, no hay duda, se ha alineado con el poder, adoctrinando a sus fieles en la creencia de que «los pobres nacen pobres y los ricos igual».
1.7. Los medios e instrumentos de producción, sean estos materiales o inmateriales, y los recursos naturales pertenecen al poder, que se basa en la liberalidad, pertenencia y arbitrio sin límites.

RESULTADOS

Apropiación indebida del trabajo y el ingenio de los seres humanos.

En muchos casos, ni el mismo poseedor sabe cuánto tiene ni tampoco sabe con exactitud dónde se hallan escondidos los recursos, dígase numerario, oro, piedras preciosas, criptomonedas, papeles fiduciarios, bonos, etc.

Formación de estratos o «clases sociales»:

1.1. Primera, conformada por el 10 % aproximado de la población total del planeta, llamados «ricos», «potentados», «oligarcas», banqueros, prestamistas.
1.2. Segunda, también llamada «clase media», conformada por intelectuales, académicos, maestros, tecnólogos, oficinistas. Especial análisis merece el sector denominado fuerza pública, conformado por fuerzas armadas, policía y, en algunos casos, otras fuerzas especiales de control del poder, como «seguridad política» y cuerpos de «espionaje». En estas estructuras se distinguen al menos tres rangos: élite, asimilada al estrato de los acaudalados; mandos medios, comparables con la clase media; y tropa, equivalente al estrato de asalariados.
1.3. Tercera, conformada por los trabajadores asalariados, obreros en general, en la línea de pobreza.

1.4. Cuarta, integrada por los llamados trabajadores «informales», que han emprendido pequeños negocios con préstamos de usura, excluidos del sistema, por debajo de la línea de pobreza.
1.5. Quinta, los indigentes, ignorados, denigrados y excluidos, en pobreza extrema, que representan entre el 8 % y el 10 % de la población humana del planeta, es decir, alrededor de 700 millones de personas, aunque otras estimaciones hablan de 1100 millones. Con excepción de China, país asiático con una población de 1441 millones en 2025, que en el lapso de cuatro décadas (1985-2025), según informes de la ONU, habría sacado de la pobreza a ochocientos millones de seres humanos mediante estrategias como:

a. marcos detallados sobre quién recibe la asistencia;
b. de dónde proviene la asistencia;
c. cómo se distribuye la asistencia;
d. cómo evitar el retorno a la pobreza; con énfasis en la educación, el compromiso social, la inclusión, la equidad en la distribución de la riqueza, la solidaridad y el respeto a la condición humana.

¡SEGUNDA CUESTIÓN!
¿QUÉ ES LO NECESARIO?

2.1. Conocimiento: saber, practicar y difundir por todos los medios, especialmente en los centros de formación escolar y académica, que para una vida digna no se necesita acumular bienes recurriendo a métodos que desnaturalizan la condición humana.
2.2. Inclusión: es decir, que todos debemos pertenecer al colectivo en las mismas condiciones, deberes y opor-

tunidades para una vida digna, que implica acceso al hábitat, al trabajo, a la educación, al conocimiento, a la salud, a la información, a la tecnología y a un desarrollo integral con enfoque en las cualidades individuales, con autonomía e independencia y compromiso social. Esto es, coadyuvar al desarrollo de los integrantes con máximo esfuerzo, disciplina y solidaridad, mediante programas consensuados con los colectivos, sus dirigentes y autoridades, quienes deben estar investidos de la calidad de mandatarios comprometidos con vocación de servicio y no para «servirse», como ha ocurrido en el viejo sistema.

2.3. Gobernanza: constituye el respeto a las normas constitucionales, a las leyes y reglamentos necesarios para el ordenamiento jurídico, la institucionalidad y la convivencia armónica de los pueblos. Sin organización no habrá autoridad, sobre la cual recae la obligación de cumplir y hacer cumplir lo consensuado por sus mandantes, los pueblos libres y soberanos. ¡Sistema democrático!

¡TERCERA CUESTIÓN!
DETERMINACIÓN Y COMPROMISO SOCIAL

3. ¿Qué se necesita para remediar el desastre?

3.1. Primeramente, entender que el «viejo sistema liberal» ha fracasado y, en consecuencia, realizar actos necesarios y contundentes para alcanzar el fin: construir la nueva cultura.

3.2. Que los causantes del desastre creen que el «cambio climático» no es más que la paranoia de unos cuantos desocupados, como la respetable Thunberg, entre muchas y muchos, «descalificados» por sabios como el inefable «líder mundial», «moderno», que considera que la Universidad de Harvard alberga a «idiotas con cerebros de paja». U. S. A. (04-2025).

3.3. Que se comprometa a instituir un nuevo estatuto global, con normas que prioricen la erradicación de la violencia en todas sus formas, la proscripción de las guerras, la erradicación de la pobreza; que se involucre en la consecución de proyectos internacionales en instituciones nuevas que se responsabilicen de la solución de controversias a nivel global, con énfasis en el respeto a los derechos humanos, que actúen con seriedad y no defrauden a los pueblos ni a los activistas, cansados de los «cantos de sirena» de la ONU, la OEA y similares.

«La guerra es la peor aberración de la especie humana».

Esta frase se escucha a nivel global. Ahora bien, ¿de dónde surge la aberración —grave error de entendimiento, RAE— del emprendimiento descontrolado, vale decir, de la empresa privada? ¿Cuál es el «interés superior» de la empresa privada? El lucro —ganancia o provecho que se saca de algo, RAE—, en este caso de la industria armamentística. Como el fin supremo es el lucro, significa que, si no interviene la Organización de Naciones Unidas o la que se considere con la fuerza moral y el compromiso con el bien común, se llegará a la aberración de jactarse por tener cohetes interplanetarios, cuando ya existen intercontinentales de destrucción masiva y bombas atómicas con capacidad de extinguir especies y dañar el planeta. En contexto, las armas no distinguen especies ni «enemigos», con lo cual se justifica el concepto de aberración.

La reciente barbarie, entre otras, el genocidio en Gaza, Palestina (2023-2025): cómo se origina esta tragedia, a grandes rasgos, se diría que Israel sufrió mil doscientas víctimas mortales y 254 rehenes, y su venganza cobra más de cincuenta mil víctimas mortales; es decir, si tú matas 1200, yo mato cincuenta veces más, sin mirar si son niños, ancianos o civiles indefensos, porque el objetivo es hacerte entender que «conmigo no te metes» y debo agraviar tanto como sea posible para que no vuelvas a intentar atacarme. Entonces, la «lógica moderna de la guerra» ya no se compara ni siquiera con la doctrina romana del «ojo por ojo» y «diente por diente», sino que ahora se trata de aniquilar al enemigo.

Ante esta brutal situación que desdice la naturaleza del *Homo sapiens*, dotado de palabra, que da origen al diálogo como única herramienta eficaz para erradicar la violencia, en la nueva cultura prevalecerá —si no es hoy, será mañana—, porque eso es posible.

¡CUARTA CUESTIÓN!
UN PROYECTO NORMATIVO

CONSIDERANDO:

Que la prioridad es el respeto a la naturaleza como el único lugar común de todas las especies vivientes, cuyo desarrollo armónico es indispensable para su coexistencia.

Que el planeta «¡no nos necesita!», concepción indispensable para todos los seres humanos de todas las edades y latitudes (tomado del Dr. Efraín Vázquez, Ecuador, 2024).

Que la explotación de los recursos naturales debe ser estrictamente programada según las necesidades de los colectivos.

Que es deber de todos y, principalmente, de los nuevos líderes globales, la remediación de ecosistemas, evitar la extinción de especies, la contaminación de ríos y mares, el deshielo de glaciares y el calentamiento global.

Que la acumulación de la riqueza se vincula con métodos inmorales, egoístas y elitistas. Véase:

a. el «plusvalor» de bienes y servicios;
b. la «cultura del consumo»;
c. la «caducidad programada de los bienes materiales»;
d. la «apropiación forzosa» de bienes, servicios y territorios, que termina en confrontaciones violentas y peligrosas como las guerras.

Que las conquistas, colonizaciones, monarquías, títulos nobiliarios, realezas y condados han caducado.

NUEVO ORDEN GLOBAL

Luego de la realidad puesta ante nuestros ojos y conciencia, no cabe otra respuesta: urge una nueva cultura basada en «lo justo y lo necesario».

A la luz de estas consideraciones, construyamos el nuevo estatuto, tomando en cuenta las particularidades de cada pueblo y nación.

CONSIDERANDO:

Que es el momento histórico apropiado para formular y estatuir normas basadas en la razón, el respeto, la equidad y el derecho de todos los seres humanos del planeta.

Que es un deber moral y ético la erradicación de la violencia en todas sus formas y latitudes.

Que la guerra constituye la peor aberración humana y, por tanto, está proscrita en el nuevo orden planetario.

Que la participación democrática en el desarrollo social, económico y político es un derecho humano inalienable, irrenunciable e imprescriptible.

Que en la organización social, económica y política de los pueblos deben estar incluidos todos los seres humanos del planeta.

Que los recursos energéticos del planeta deben estar protegidos por los poderes públicos y su uso debe ser el estrictamente necesario para el bien común.

Que para la remediación del medio ambiente deben utilizarse, primeramente, los capitales acumulados por personas naturales y empresas nacionales y transnacionales provenientes de la explotación de hidrocarburos y otros minerales causantes del cambio climático y, en segundo término, mediante la implementación de medios tecnológicos avanzados y la investigación científica a cargo de instituciones públicas.

Que los derechos al hábitat, alimentos, educación, trabajo, salud, comunicación y los demás necesarios para el desarrollo armónico y pacífico de las personas y colectivos, tendientes al buen vivir, deben considerarse inalienables y progresivos.

LOS PUEBLOS SOBERANOS RESUELVEN:
CAPÍTULO I
FUNDAMENTOS DE LAS CONSTITUCIONES

Art. 1. Todos los pueblos y naciones se constituyen en consejos de derechos y justicia social, democráticos, laicos y unitarios, con enfoque en la unificación de pueblos y naciones con antecedentes históricos comunes y culturas similares y ancestrales. Los recursos naturales del planeta deben ser utilizados para su desarrollo integral e imprescindible, bajo los principios de equidad y respeto al hábitat y al medio ambiente. Todos los seres humanos podrán acceder a dichos recursos en igualdad de condiciones.

Art. 2. Cada consejo garantizará a sus miembros el derecho al hábitat, a la alimentación, a la salud, a la educación, al trabajo, al seguro social, al acceso a la justicia, a la información, a la libertad de expresión, a la dignidad y a la conservación de la vida, en condiciones de equidad y respeto a su forma de concebir su existencia en el planeta. Se prohíbe la pena de muerte.

Art. 3. Se prohíbe la apropiación de bienes y servicios bajo cualquier modalidad.

Art. 4. Se prohíbe la anexión de territorios realizada bajo la modalidad de «conquista». Se fomentará la unidad de pueblos y naciones, con respeto a los acuerdos internacionales, convenciones y organismos creados para la protección de los derechos humanos.

Art. 5. Cada consejo garantizará el desarrollo integral de sus miembros en todo su ciclo vital, sin exclusión de carácter alguno, y fomentará el respeto a la naturaleza en todas las etapas de formación: inicial, media y superior.

Art. 6. La soberanía de los pueblos se fundamenta en las normas constitucionales, cuya supremacía debe respetarse en todo el ordenamiento jurídico necesario para el desarrollo de las instituciones públicas.

Art. 7. Los delegados del consejo deberán ejercer su mandato con estricta sujeción a las normas constitucionales, legales y reglamentarias previstas para cada área de gestión.

Art. 8. La unidad territorial donde habitan los colectivos es inviolable; se respetará su cultura y se prohíben las invasiones de manera absoluta.

CAPÍTULO II
LOS DERECHOS DE LOS PUEBLOS

Art. 9. Todos los pueblos son libres, soberanos, autónomos e independientes. Gozarán del derecho de vivir en paz.

Art. 10. Todas las personas e instituciones deben respetar y hacer respetar los derechos protegidos por la Constitución.

Art. 11. Todas las personas gozarán de los derechos garantizados en la Constitución en las mismas condiciones. En este ámbito, la naturaleza se considera un bien supremo que merece respeto; sus recursos serán los indispensables para el desarrollo humano y deberán adquirirse bajo estrictas normas reglamentadas y consensuadas por los consejos de los pueblos.

Art. 12. Las autoridades serán elegidas por los pueblos, gozarán de jurisdicción y competencia y garantizarán el cumplimiento de los derechos. Ejercerán sus funciones en calidad de mandatarios.

Art. 13. La condición de los seres humanos no será motivo de exclusión. Se prohíbe la discriminación.

Art. 14. Los derechos son inalienables y de igual jerarquía; se ejercerán y exigirán.

Art. 16. Los derechos protegidos por la Constitución y por los instrumentos internacionales de derechos humanos son de inmediato cumplimiento por las instituciones públicas. Ninguna norma restringirá los derechos.

CAPÍTULO III
DESARROLLO EXISTENCIAL

VIVIENDA

Art. 17. Todas las personas tienen derecho a vivir en un ambiente sano y digno que garantice la privacidad individual y familiar.

Art. 18. El acceso a los espacios comunitarios y de esparcimiento es un derecho de las personas, con respeto a la diversidad y a las normas establecidas para el bien común y el compromiso social.

CULTURA

Art. 19. Las personas tienen derecho a proteger su identidad cultural, difundir sus expresiones culturales, conservar la memoria histórica y desarrollar libremente sus actividades artísticas con autonomía estética, actual y ancestral. Los autores de obras artísticas, inventos, tecnologías y bienes inmateriales tienen derecho a la protección bajo las normas del derecho autoral universal.

SALUD

Art. 20. Cada consejo garantizará este derecho fundamental, vinculado con la infraestructura necesaria para el acceso al agua, al ambiente sano, a la alimentación y al desarrollo de las destrezas físicas y sensoriales.

EDUCACIÓN Y CIENCIA

Art. 21. La educación es un derecho que compromete al consejo del pueblo, a los colectivos, a los docentes y a todas las personas en la difusión de valores como la ética, la solidaridad, el respeto al derecho ajeno, el valor del trabajo y el compromiso social. Los recursos económicos para la educación serán prioridad de los consejos de los pueblos.

Todas las personas tendrán acceso a las ciencias sociales, naturales, políticas y económicas, así como a los inventos materiales e inmateriales producto del ingenio humano, como parte de su formación y desarrollo intelectual.

TRABAJO

Art. 22. El trabajo es un derecho ineludible sin el cual pierde sentido la existencia de las personas; por tanto, los consejos garantizarán condiciones dignas, salarios justos y ambientes sanos que aseguren el bienestar del trabajador y su entorno.

INFORMACIÓN

Art. 25. Todos los medios de comunicación se regirán por las normas consensuadas por los pueblos libres; la información es un derecho y debe ser veraz, oportuna y contrastada. Se prohíbe el uso de los medios con fines particulares.

DEBERES

Art. 26. Son deberes de las personas:

—Acatar las normas establecidas en la Constitución y las reglas emitidas por los consejos.

—Anteponer el bien común a los intereses particulares.
—Contribuir con los proyectos colectivos.
—Participar en los eventos culturales y políticos y en los procesos electorales.
—Asumir las funciones delegadas por el consejo.
—Ejercer su profesión u oficio con ética y servicio comunitario.

GARANTÍAS JURISDICCIONALES

Art. 27. Las personas, de forma individual o colectiva, podrán recurrir ante el órgano jurisdiccional para corregir vulneraciones de los derechos protegidos por la Constitución.

JUSTICIA DE PAZ

Art. 28. Las controversias se resolverán con la intervención del consejo del pueblo, bajo la cultura de paz, reconociendo el derecho a quien lo tenga, sin vencedores ni vencidos.

Suscriben los delegados de los pueblos libres designados para la redacción del estatuto, que entrará en vigencia luego de la aprobación de los consejos de los pueblos.

Dado en un lugar del planeta, en este siglo.

DR. Salomón Poveda Llerena

SUMARIO

Una cultura basada en lo justo y lo necesario implica un cambio estructural de los Estados, sujetándose al nuevo estatuto consensuado en los consejos de los pueblos.

El nuevo comportamiento de los colectivos obedece a la caducidad del sistema liberal, que ha llevado al individualismo, a la apropiación forzosa de bienes materiales e inmateriales, a la acumulación de capitales para muy pocos y a la explotación de los recursos naturales con fines privados, al punto de poner en riesgo la vida en el planeta.

Este viejo sistema ha beneficiado al 10 % de la población mundial.

La desigualdad en el modelo liberal en el planeta muestra la realidad en los países más emblemáticos:

INDIA:

Población: 1.441 millones (país más poblado del planeta).
Índice de pobreza extrema: 234 millones.
Multimillonarios: 334.
(Informe ONU 2024)

EUROPA:

Población: 774 millones.
Índice de pobreza: 93,3 millones.
Multimillonarios: 536.
(Fuente Wikipedia 2025)

ESTADOS UNIDOS DE NORTEAMÉRICA:

Población: 337 millones.
Índice de pobreza extrema: 37,9 millones.
Multimillonarios: 3000.
(Fuente Forbes 2025)

INDONESIA:

Población: 279 millones.
Pobreza extrema: 25,11 millones.
Ricos: 20 000.
Billonarios: 5.
(Fuente Celios 2025)

PAKISTÁN:

Población: 236 millones.
Índice de pobreza extrema: 44,7 millones.
Multimillonarios: 15.
Billonarios: 5.
(Fuente Oscarcuri 2025)

NIGERIA:

Población: 227 millones.
Índice de pobreza extrema: 86,9 millones.
Millonarios: 7200.
Centimillonarios: 20.
Multimillonarios: 3.

BRASIL:

Población: 205 millones.
Índice de pobreza extrema: 4,8 %.
País con mejor renta, menor pobreza y menor desigualdad desde 1995.
(Fuente ebc.com.br)

BANGLADESH:

Población: 172 millones.
Pobreza extrema: 9,35 %.
Millonarios: 127 000 aproximadamente, con cuentas en el extranjero por evasión de impuestos.
(Fuente CPD 2024)

RUSIA:

Población: 142 millones.
Pobreza extrema: 13 %.
Multimillonarios: 140.
(Fuente Forbes)
Los países citados son administrados bajo el sistema liberal de libre mercado.

CHINA ES LA EXCEPCIÓN, BAJO EL SISTEMA COMUNITARIO

Población: 1410 millones.
Pobreza extrema: superada al 2020 gracias a un programa sostenido durante un lapso de cuarenta años, según informes de la ONU al 2024.

Estrategias específicas de alivio a la pobreza:

—Marcos detallados sobre quién recibe la asistencia.

—Quién la proporciona.

—Cómo se distribuye la ayuda.

—Cómo evitar el retorno a la pobreza.

Su desarrollo se centra en la educación de la población.

Sin embargo, la escala de adinerados aparece así:

—Cuatro personas con activos por sobre los 20 000 millones de dólares (USD).

—Ciento diez mil hogares con ingresos de 14 000 USD mensuales.

—1,60 millones de hogares con ingresos de 1 500 000 USD.

—4,14 millones de hogares con ingresos de 1 000 000 USD.

—110 000 hogares con ingresos de 14 000 USD mensuales.

SOBRE EL AUTOR

Salomón Poveda Llerena es maestro en niveles escolar, medio y superior; es artista músico con distinciones internacionales y autor de obras musicales con énfasis en la cultura popular; es doctor en Jurisprudencia y licenciado en Ciencias Sociales y Públicas por la Universidad Central del Ecuador.

EDIQUID

www.ingramcontent.com/pod-product-compliance
Lightning Source LLC
LaVergne TN
LVHW040433051026
849517LV00002B/578